ULRICH THOMSON

DAS NÜRBURGRING FAHRER-HANDBUCH

HEEL

IMPRESSUM

HEEL Verlag GmbH
Wintermühlenhof
53639 Königswinter
Tel.: 0 22 23 / 92 30-0
Fax: 0 22 23 / 92 30 26

Buchgestaltung, Repro und Satz:
ARTCOM, Königswinter

Druck:
Fortuna Druck, Baden Baden

Printed in Germany

ISBN: 3-89365-533-6

SIE WOLLEN DIR IMMER ALLES NACHMACHEN.
GUT. DANN MACHEN SIE WENIGSTENS NICHTS VERKEHRT.
CHLIESSLICH WILL MAN WEITERKOMMEN
METZELER
MOTORRADREIFEN

INHALT

VORWORT VON HELMUT DÄHNE

Nürburgring - hinter diesem Wort steckt Faszination.

Ich besaß gerade einmal ein Moped, da las ich schon fasziniert die Testberichte in "Motorrad" von Ernst Leverkus, gefahren auf dem „Ring". Dem Namen nach kannte ich schon jeden Streckenabschnitt, ohne ihn jemals gesehen zu haben.

Einige Jahre später (1965) war ich dann erstmals am Ring. 1968 dann mein erster Start beim Eifelpokal-Rennen. Ich wurde Fünfter auf der Südschleife.

Der Ring-Bazillus hatte mich befallen. Wieviele Runden ich bis heute dort abspulte, weiß ich nicht, kann ich nur schätzen. Relativ genau weiß ich nur die Renn-Runden: ca. 1200 Trainings-, Test- und Gaudirunden sind darin nicht enthalten. Dreimal soviele werden es insgesamt schon sein. Fest steht, daß ich immer noch lerne und immer wieder Verbesserungen der Rundenzeit möglich sind.

Mein Rekord mit 7:49:72, aufgestellt am 23. Mai 1993, ist immer noch nicht alles.
Ich weiß, daß mit dem gleichen Motorrad auch 7:45 möglich sind.

Zwei Lieblingsstrecken habe ich. Nummer zwei ist die Isle of Man. Favorit ist die Nordschleife. Ein Vergleich ist zulässig, obwohl sie eine permanente Rennstrecke ist, die als Naturstrecke bezeichnet werden kann.
Psychisch anspruchsvoller ist sicher der TT Mountain Course. Die dreifache Länge und 403 Kurven sind noch schwerer zu erlernen. Die Durchschnittsgeschwindigkeit mit annähernd 200 km/h ist die höchste im Motorradsport überhaupt und der Straßenbelag teilweise extrem uneben.

Physisch ist der Ring schwieriger. Zur Rast bleibt nur die Döttinger Höhe, sonst keine Sekunde. Auf der Isle of Man gibt es immer wieder längere gerade Passagen, die keinen größeren körperlichen Einsatz erfordern. Der Ring verlangt dem Körper 19 km Höchstleistung ab. Zur Rast bleiben ganze 25 Sekunden. Die extremen Richtungswechsel in rascher Folge fehlen auf der Isle of Man in diesem Maß.

Der Anspruch der Nordschleife an den Fahrer ist einmalig auf dieser Welt. Das ist es wohl, was die Faszination auf Generationen von Fahrern ausübt. Dazu ist die Strecke so herrlich in die Landschaft integriert, daß man sie als einen Teil davon bezeichnen muß. Das Grün, das diese Strecke umgibt, übt auf den Fahrer eine beruhigende Wirkung aus. Zu Unrecht wird der Ring als grüne Hölle bezeichnet, für mich ist er der grüne Himmel. Jede Runde ist neu. Monotonie kommt nie auf.

Schade ist, daß der Ring immer seltener für Motorrad-Rennen genutzt wird - aus Sicherheitsgründen. Zweifellos gehört die Nordschleife mit ihren knappen Sturzräumen nicht zu den sicheren Rennstrecken. Soweit ich mich im Motorradsport zurückerinnern kann, und das sind auch schon 30 Jahre, kenne ich jedoch keinen prominenten Todesfall am Ring.

Vielleicht ist es so, daß die erfahrenen Spitzenfahrer eher bereit sind, der Strecke den erforderlichen Respekt zu zollen, als weniger Erfahrene. Interessant ist die Sturzstatistik von zehn 8-Stunden-Rennen, die auf dem Nürburgring stattfanden. Bei den acht Nordschleifen-Rennen zusammen stürzten weniger Fahrer als beim letzten Rennen, das auf der GP-Strecke stattfand. Wichtig ist, der Schwierigkeit der Strecke immer den nötigen Respekt entgegenzubringen. Am gefährlichsten ist die Phase, in der man glaubt, den Ring zu kennen und respektloser wird. Flüssiges, rationelles Fahren ist der Schlüssel zum Nordschleifen-Erfolg.

Ulrich Thomson schrieb dieses Buch, um dem Nürburgring-Neuling beim Einstieg zu helfen. Mit enorm viel Aufwand versuchte er, die Skizzen möglichst maßstabsgetreu zu erstellen. Sein Ziel war es, daß alle Skizzen aneinandergefügt die maßstabsgetreue Nordschleife ergeben. Dieses Ziel mußte er aufgeben. Die Straße wäre so schmal geworden, daß die Ideallinie darin untergegangen wäre und so manche Kurvenkombination ziemlich mager ausgefallen wäre. Ich habe schon an früheren Broschüren mitgearbeitet und kenne die Schwierigkeit, Kurven und Ideallinien zeichnerisch darzustellen.

Dieses Buch ist sicher die genauest mögliche Darstellung von Kurvenverläufen und Ideallinien und soll Ihnen helfen, schneller mit den Schwierigkeiten zurechtzukommen.

Benützen Sie das Buch nicht gedanklich während der Fahrt. Das geht schief. Schlagen Sie nach Ihren Runden in ihm nach und vergleichen Sie. Versuchen Sie nicht, in extremen Schritten Ihre alte Linie an das Buch anzupassen. Verbessern Sie sich in kleinen Schritten.
Fahren Sie nie mit dem Ziel, Ihre Rundenzeit zu verbessern. Schneller werden Sie ganz von selbst, wenn Sie Zug um Zug Ihre Linie verbessern.
Denken Sie über die Ursachen Ihrer Fehler nach. Ein Fehler im Wehrseifen kann bereits im Kallenhard seinen Ursprung haben.

Beherzigen Sie all das und denken Sie immer daran, daß es keinen perfekten Nürburgring-Fahrer gibt, so kommen Sie schneller in den Genuß dieser einmaligen Rennstrecke.

Viel Spaß bei der Arbeit!

Helmut Dähne

Starke
Motorrad-
Seiten!
Motorrad-Magazin MO
bietet Ihnen jeden Monat:
• Motorräder im Einzel- und Vergleichstest
• Technik, Sport, Zubehör
• Kompetente Kaufberatung
• Szene-Highlights und mitreißende Reportagen vom nationalen und internationalen Rennsport
Motorrad-Magazin MO
jeden Monat neu
am Kiosk.
Motorrad-Magazin MO
Straußstaffel 3, 70184 Stuttgart
Extra: GP Deutschland
Motorrad-Maga
MO
E 3436 E
TEST
BMW

EINLEITUNG

Eine Straße ist zunächst einmal eine Verbindung zwischen zwei Orten. Für diejenigen von uns, für die ein Motorrad oder ein Auto nicht ausschließlich ein nüchtern betrachtetes Fortbewegungsmittel ist, ist sie sicher mehr. Sie kann um ihrer selbst willen faszinieren auf die Art, wie sie sich in schwungvollen Kurven durch eine schöne Landschaft windet und durch ihre ganz besonderen Eigenheiten und auch Schwierigkeiten für den Fahrer.
Solche Straßen, an die man sich ihres ganz besonderen „Charakters" wegen gern erinnert, werden heute immer seltener. Sie werden ausgebaut und begradigt, weil dies sicherer und bequemer ist. Allerdings hat sich die Erwartung, daß schnurgerade und breite Straßen sicherer sind, nicht im erhofften Maße erfüllt, denn mit abnehmendem Schwierigkeitsgrad steigen Leichtsinn und Geschwindigkeit. Man spricht daher schon wieder vom „Straßenrückbau". Dies gilt auch für viele Rennstrecken, denen man aus diesem Grund eigens „Schikanen" eingebaut hat.
Doch diese langweiligen Straßen und Rennkurse passen in unsere von Hektik und Schnellebigkeit, häufig sogar von Oberflächlichkeit geprägte Zeit. Wirklich intensives Erleben wird immer seltener. Warum sollten hier die Straßen eine Ausnahme machen?
Gerade darum und je mehr computerberechnete Einheits-Rennpisten es gibt, wird die Nordschleife des Nürburgrings, die schönste und schwierigste Rennstrecke der Welt, immer ihre Anhänger haben.

Generationen von Fahrern sind der Faszination des Nürburgrings erlegen. Ob hartgesottene Vollprofis auf der Jagd nach Weltmeisterschaftspunkten oder engagierte Hobbyfahrer - eines war und ist ihnen gemeinsam: die Bereitschaft, ihre Fähigkeiten mit einer Strecke zu messen, die diese Fähigkeiten auf jedem Meter abverlangt und Fehler nur schwer verzeiht.
Natürlich ist das nicht völlig ungefährlich, ebenso wie Fliegen oder Bergsteigen. Es liegt im Menschen selbst, sich mit anderen und der Materie zu messen, daß er neugierig ist auf die Grenze, die hinter der eben erreichten liegt. Dieses Verlangen ist eine Triebfeder der Evolution, ohne das wir heute noch auf Bäumen leben würden.
Und schließlich: Ist nicht das ganze Leben gefährlich?

Für den Fahrer, der seine Grenzen kennt und akzeptiert, ist das gefährlichste an einer Runde über den Nürburgring die Fahrt dorthin im öffentlichen Straßenverkehr.

Der Nürburgring fasziniert jedoch nicht nur die Anhänger des schnellen Fahrens, er ist auch einfach eine sehr reizvolle und landschaftlich schöne Strecke, deren Rhythmus man sich gern hingibt.

Eine sauber und flüssig gefahrene Runde über die Nordschleife ist auch ohne rekordverdächtige Zeiten eine Leistung, auf die man mit Recht stolz sein kann. Für alle Fahrer, die ihre Streckenkenntnisse vertiefen und ihre Fahrlinie vervollkommnen wollen, soll daher dieses Buch eine Hilfe sein. Vorrangig soll es also eine Anleitung zum sauberen, nicht zum schnellen Fahren sein. Aus dem sauberen, exakten Fahren kann sich jedoch das schnelle Fahren ergeben. Wie auch immer - auf den Spaß am Fahren und an dieser einmaligen Strecke kommt es an.

In diesem Sinne wünsche ich Ihnen viel Freude beim Lesen und eine gute Fahrt!

Ring - Action

... 4x Ringtitel

7.49 - Der Ring

Folgen Sie mit einer On-Bike Kamera an der Honda RC 30 Helmut Dähnes Rekordrunde auf der Nürburgring Nordschleife.
Sie erleben hautnah die schnellste Runde, die dort je mit einem Motorrad gefahren wurde.
12 Min.-Deutscher Ton
nur: **DM 19,90**

Ring - Kampf Der Video-Hit 1997

Schnitzer BMW M 3 gegen Kawasaki ZX7-RR.
Manfred Wollgarten gegen Helmut Dähne.
Wer ist schneller auf der Nordschleife?
15 Min.-Deutscher Ton
nur: **DM 19,90**

Ring Experience - Ducati 916

Uwe Holte testete exclusiv für Futura Video eine Ducati 916 auf der Nordschleife.Tolle On-Bike Aufnahmen belegen, daß die Duc hält, was sie verspricht. Dazu gibt's Technik, Prüfstand und vieles mehr.
30 Min.-Deutscher Ton nur: **DM 19,90**

Ring - Time

Erleben Sie die ungekrönten Ringkönige H. Dähne und U. Holte auf Honda CBR 600 und Kawasaki ZX 6R. Kameras an beiden Motorrädern durchleuchten jede Kurve der Nordschleife.
30 Min.-Deutscher Ton nur:
DM 19,90

Bestell-Coupon

wählen...ankreuzen...absenden

- ☐ Ring - Time **nur 19,90**
- ☐ 7.49 - Der Ring **nur 19,90**
- ☐ Ring Kampf **nur 19,90**
- ☐ Ring Experience **nur 19,90**
- ☐ Komplettpreis beim Kauf von allen 4 Videos **nur 59,90**

Name: ____________________

Straße: ____________________

PLZ/Ort: ____________________

Zahlungsweise:

- ☐ Per Nachnahme (zuzügl. DM 10,50 Nachnahmegebühr, nur im Inland möglich)
- ☐ Per beigefügtem Verr.- Scheck (zuzügl. DM 6.- Porto und Versandkostenpauschale)
- ☐ Bequem per Bankeinzug.

Geldinstitut: ____________________

BLZ.: ____________________

meine Kto.-Nr.: ____________________

Auslandsbestellungen nur gegen Vorausscheck + DM 12.- Versandkosten

Futura Video GmbH • Postfach 964 • 47709 Krefeld
Eilbestellung: Tel.(02151)835555 Fax.(02151)835550

Training auf der Nordschleife und Verkehrsalltag

Motorradfahren pur - dieser Wunsch stößt immer häufiger an die Grenzen des heutigen Verkehrsalltags. Zunehmende Verkehrsdichte, Tempolimits, auch gestiegenes Umweltbewußtsein bestimmen diesen Alltag. Der verantwortungsbewußte Fahrer stellt sich dieser Situation und praktiziert das sportliche Fahren (was immer das heißen mag) in einer Form und an einem Ort, an dem es für ihn und vor allem für andere risikoloser ist. Ideal hierfür ist eine Rennstrecke, denn dort gibt es weder den Traktor, der unversehens aus dem Feldweg biegt, noch den Sonntagsfahrer, der nach dem Waldspaziergang ausgerechnet in der Kurve wenden muß, und auch keine scharfkantigen Leitplankenpfosten. Dafür gibt es mehr oder minder weite Sturzräume und den entscheidenden Vorteil, daß alle in die gleiche Richtung fahren.

Die Rennstrecke ist jedoch nicht nur der geeignete Ort, den Wunsch nach schnellem Fahren auszuleben, sondern gleichzeitig auch Übungsterrain für den normalen Straßenverkehr. Hier kann mit geringem Risiko trainiert werden, was auf öffentlicher Straße in der Regel nur in gefährlichen Ausnahmesituationen auftritt. Rennstrecken - und hier besonders die Nordschleife des Nürburgrings - sind daher auch ein idealer Veranstaltungsort für Fahrer-Trainingskurse. Optimale Brems- und Kurventechnik und die Koordination komplexer Bewegungsabläufe können im Schonraum der „Einbahnstraße“ und unter fachkundiger Anleitung erlernt werden.

Das Fahren auf der Nordschleife kann und sollte eine „reinigende“ Wirkung haben. Wer sich hier fahrerisch „austoben“ kann, fährt gewöhnlich ruhiger und gelassener im öffentlichen Straßenverkehr.
Wer auf der Nordschleife besteht, sich einen „Plan“ von dieser anspruchsvollen Strecke gemacht hat und einen sauberen Strich fährt, der ist gut vorbereitet für alle Kurven, die ihm jemals vor das Vorderrad kommen werden. Dies kann eine große Gelassenheit vermitteln und das Gefühl, sich selbst und erst recht nicht anderen etwas beweisen zu müssen.
Die erlernten Fahrfertigkeiten dürfen jedoch nicht im öffentlichen Straßenverkehr umgesetzt werden, sondern sollen lediglich als Sicherheitsreserve dienen.

Sicherheitslinie und Ideallinie

Die wesentlichen Unterschiede zwischen Sicherheitslinie und Ideallinie ergeben sich schon aus deren Namen. Die Ideallinie ist die günstigste Fahrlinie durch eine Kurve oder Kurvenkombination. Die Sicherheitslinie ist ähnlich, berücksichtigt dabei jedoch diejenigen Sicherheitsreserven, die im öffentlichen Straßenverkehr unerläßlich sind.
Die Ideallinie gehört also ausschließlich auf die Rennstrecke. Um mit maximaler Geschwindigkeit durch die Kurve zu kommen, wird ein möglichst weiter Bogen gefahren und dabei die volle Fahrbahnbreite ausgenutzt. Ziel ist es, eine Kurve weitestgehend zu einer Geraden zu machen.
Im öffentlichen Straßenverkehr verbietet sich dies von selbst. Die Sicherheitslinie beschränkt sich daher auf den eigenen Fahrstreifen und vermeidet die extreme Annäherung an dessen Begrenzung.
Dies ist lebenswichtig, weil Motorrad und Fahrer in der Schräglage breiter werden und in den Gegenverkehr ragen können.
Auf der Ideallinie ziehen Sie so spät in die Kurve hinein, daß sich ein möglichst weiter Radius ergibt. Auf der Sicherheitslinie liegt der Ablösepunkt noch später. Sie bleiben so lange außen,

bis Sie in die Kurve hineinsehen können und ziehen erst dann nach innen. So können Sie besser sehen, welche Überraschungen Sie im Kurvenausgang erwarten und entsprechend darauf reagieren. Insofern ist die Sicherheitslinie vergleichbar mit dem Rallye-Stil auf unbekannten Strecken.

Da der Bogen nicht so rund wie bei der Ideallinie ist, fällt die Kurvengeschwindigkeit etwas geringer aus. Dies ist im öffentlichen Straßenverkehr angemessen und auch sehr nützlich, da so noch Schräglagen-Reserven zur Verfügung stehen.

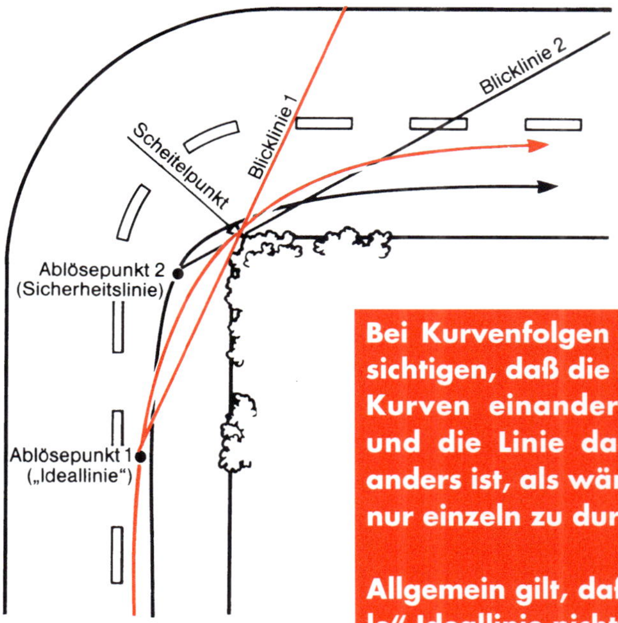

Bei Kurvenfolgen ist zu berücksichtigen, daß die Ideallinien der Kurven einander beeinflussen und die Linie dann insgesamt anders ist, als wären die Kurven nur einzeln zu durchfahren.

Allgemein gilt, daß es die „ideale" Ideallinie nicht gibt. Sie kann je nach Fahrsituation, Fahrstil, Fahrzeug und dessen Leistungsvermögen unterschiedlich sein und ist daher lediglich als wichtige Orientierungshilfe zu betrachten.

Abb. 1: Sicherheitslinie und Ideallinie

Für den sicheren Fahrer ist es klar, daß er den technischen Zustand seines Fahrzeugs regelmäßig untersucht oder in einer Fachwerkstatt untersuchen läßt - und dies nicht nur vor einer Fahrt über den Nürburgring.
Durch die härtere Beanspruchung auf der Nordschleife bekommen jedoch alle technischen Aspekte eine andere Dimension.
Bitte beachten Sie daher besonders:

Bremsen

Auch wenn der Bremsflüssigkeitsstand im Ausgleichsbehälter in Ordnung ist - wie alt ist Ihre Bremsflüssigkeit? Diese hat die unangenehme Eigenschaft, hygroskopisch zu sein, d.h. sie reichert sich im Laufe der Zeit mit Wasser an. Da Wasser (mit 100 °C) einen anderen Siedepunkt hat als Bremsflüssigkeit (c. 260 °C), beginnt es zu kochen. Dabei bilden sich kleine Luftbläschen, die zu einem Versagen des hydraulischen Bremssystems führen können.
Für Motorradfahrer möchte ich daher grundsätzlich empfehlen, die Bremsflüssigkeit jährlich auszutauschen. Damit sind Sie in jedem Fall auf der sicheren Seite.

Sind die Bremsbeläge zwar noch in Ordnung, jedoch im letzten Drittel ihrer Lebensdauer, so verschieben Sie bitte die Fahrt zum Nürburgring oder besser noch spendieren Sie Ihrer Bremse gleich ein paar neue Beläge. Bei der härteren Beanspruchung am Ring ist der vermeintlich sichere Restbelag schnell am Ende. Darüber hinaus bremsen alte und verglaste Beläge nicht mehr so gut, und das könnte Sie auf der Nordschleife in arge Bedrängnis bringen.

Fahrwerk

Selbstverständlich ist, daß alle Fahrwerkskomponenten in einwandfreiem Zustand sind, besonders die Lenkkopflager.
Ich möchte auch keine Tips zur Einstellung der Dämpferelemente geben, da dies von zu vielen Faktoren (Typ, Beanspruchung, Gewicht des Fahrers, etc.) abhängig ist. Hier sollten Sie die Herstellerangaben beachten und mit entsprechender Vorsicht geeignete Einstellungsmöglichkeiten ausprobieren. Beachten Sie bitte auch, daß manche Federbeine unter starker Beanspruchung bei hoher Außentemperatur „schlapp machen" und zum Nachschwingen neigen.
Ein sehr einfaches Mittel ist, Ihrer Telegabel frisches Gabelöl zu spendieren. Sie wird es Ihnen mit einem feineren und sicheren Ansprechverhalten danken.

Es kann auch sinnvoll sein, an Ihrem Motorrad einen hydraulischen Lenkungsdämpfer zu montieren, um Lenkerschlagen (Kickback) zu vermeiden oder abzumildern. Zuvor sollten Sie jedoch überprüfen, ob das Kickback seine Ursache im Reifentyp oder z.B. einer verspannten Telegabel hat. Kickback tritt zwar bei manchen Motorrädern eher als bei anderen auf, ist bei schneller Fahrweise auf der Nordschleife jedoch grundsätzlich keinem Motorrad fremd.
Im Zubehörhandel finden Sie sicher einen geeigneten Lenkungsdämpfer mit TÜV-Gutachten.

Reifen

Dies ist eigentlich ein Kapitel für sich. Sicher haben Sie Ihre Reifen für deren Haupteinsatzzweck ausgewählt oder sie sind Ihnen durch die wenigen Freigaben vorgegeben und insofern wieder auf den Einsatzzweck des Motorrades abgestimmt.

Als Tourenfahrer mit den entsprechenden Reifen dürfen Sie natürlich auf der Nordschleife keine Wunderdinge von diesen erwarten; ganz besonders nicht in extremen Schräglagen und bei der Heißhaftung.
Ich selbst z.B. fahre Sportreifen und bin in dieser Hinsicht für die Nordschleife gut ausgerüstet, muß jedoch bei jedem Alltagskilometer den Tribut für den höheren Verschleiß der weicheren Gummimischung zahlen.

Nachdem nun die 1,6 - mm-Grenze von seiten des Gesetzgebers gilt, sollten Sie sich damit nicht zufriedengeben und nur mit deutlich mehr Restprofil zum Nürburgring fahren.
Auch hier gilt: Der Rest ist schnell dahin.

Die für die höheren Geschwindigkeitsklassen zugelassenen Reifen sind durchweg High-Tech-Produkte mit hoher Zuverlässigkeit. Das ist auch gut so, denn die Reifen unseres Motorrades sind unsere einzige Verbindung zur Straße!

Dennoch ist es verwunderlich, wie achtlos sie im Alltag behandelt werden, und nur ihrer hohen Qualität und Zuverlässigkeit ist es zu verdanken, daß nicht mehr passiert.
Bitte überprüfen Sie daher Ihre Reifen in regelmäßigen Abständen auf mechanische Beschädigungen. Dieser nur kurze Zeitaufwand kann lebensrettend sein, wenn Sie z.B. sich ablösende Profilblöcke oder eingedrungene Fremdkörper rechtzeitig entdecken.
Bei einer Fahrpause nach einigen Runden Nordschleife ist eine Sichtkontrolle auf jeden Fall angebracht.

Zur Überprüfung der Reifen gehört auch der Reifenluftdruck. Bei zu geringem Luftdruck erhitzt sich die Karkasse durch die höhere „Walkarbeit", und es kann zu einer Laufflächenablösung kommen.

Der Luftdruck sollte daher im Alltag mindestens alle 14 Tage und vor jeder größeren Fahrt überprüft werden, beim Befahren des Nürburgrings täglich.

Die Angaben des Fahrzeugherstellers in der Betriebsanleitung sollten in der Regel um 0,2 bar überschritten werden.

Wichtig ist noch, daß nur bei kaltem Reifen gemessen wird, da sich die mit dem Reifen erhitzte Luft ausdehnt und somit falsche Meßwerte liefert.
Zu diesem Zweck eignen sich besonders die im Zubehörhandel erhältlichen kleinen Manometer, die man im Tankrucksack immer mit sich führen kann.

Abb. 2: Regelmäßige Kontrolle des Luftdrucks

Eine wichtige Kleinigkeit noch zum Schluß: Bei schnellen Motorrädern ist die an den Rädern auftretende Fliehkraft so groß, daß die kleine Feder des Reifenventils niedergedrückt werden kann. Hierdurch kann es zu einem schleichenden, aber in diesem Geschwindigkeitsbereich fatalen Druckverlust im Reifen kommen. Um diesen gefährlichen Effekt zu vermeiden, sollten Sie sich metallene Ventilkappen mit einer Gummidichtlippe besorgen.

Die Praxis sollte das Ergebnis des Nachdenkens sein, nicht umgekehrt. *Hermann Hesse*

Grundvoraussetzungen

Die erste Voraussetzung für mentales Training ist, daß Sie bereit sind, sich mit dem Fahren gedanklich auseinanderzusetzen und jede Ihrer Handlungen ernst zu nehmen. Hierzu gehört, stets aufmerksam zu sein und diese Aufmerksamkeit auch richtig einzuteilen.

Ein sehr anschauliches Beispiel für richtig eingeteilte Aufmerksamkeit liefert Keith Code mit seinem 10.- DM - Budget:
Als Sie zu fahren angefangen haben, mußten Sie wahrscheinlich zehn Mark an Aufmerksamkeit darauf verwenden, beim Anfahren nicht den Motor abzuwürgen. Jetzt kostet Sie das wahrscheinlich nur noch fünf oder zehn Pfennige an Aufmerksamkeit. Auch gewöhnliche Vorgänge wie Kuppeln oder Schalten werden nicht „automatisch" ausgeführt, sie kosten mittlerweile nur weniger Aufmerksamkeit.

Je mehr solcher Vorgänge Sie auf den Wert von Pfennigen oder Groschen reduzieren können, desto mehr bleiben von Ihren zehn Mark für die wichtigen Vorgänge beim Fahren.

Wenn Sie auf einer Rennstrecke fahren, müssen Sie Hunderte von Entscheidungen treffen. Das, was Sie nicht verstehen, wird den größten Teil Ihrer Aufmerksamkeit in Anspruch nehmen. Oft fürchten Sie eine Situation, bei der Sie nicht wissen, was dabei herauskommt, und die daraus resultierende Panik kann Sie 9,99 DM kosten oder Sie überziehen sogar Ihr Konto.
Wenn Sie sich jedoch vorher genau überlegt haben, was in einer solchen Situation zu tun wäre, kostet Sie das viel weniger und Ihnen bleibt genug Aufmerksamkeit, aus verschiedenen Möglichkeiten die richtige Wahl zu treffen. (1)

Das mentale Training kann dazu beitragen, diese Wahl von Handlungsmöglichkeiten zu erleichtern, indem Sie diese in Ihren Gedanken durchleben. Dies trifft nicht nur für das Fahren auf der Nordschleife zu, sondern auch im alltäglichen Straßenverkehr.

Um einen Handlungs- oder Bewegungsablauf zu optimieren, müssen Sie ihn häufiger ausführen, also trainieren. Beim mentalen Training ist es möglich, dies durch den Einsatz der eigenen Vorstellungskraft zu erreichen, ohne die Handlung selbst auszuführen.
Erforderlich ist eine intensive Vergegenwärtigung der Handlungs- und Bewegungsdetails und deren zeitlicher Abfolge.

Sie können natürlich nicht mental für etwas trainieren, was sie nicht kennen oder objektiv gar nicht durchführen könnten. Eine Eigenerfahrung mit der zu trainierenden Handlung ist somit Grundvoraussetzung.

Beobachten Sie daher Ihre Handlungen und Bewegungen genau, um sie in Einzelhandlungen und Einzelbewegungen „zerlegen" zu können.

Wenn Sie etwas für die Zukunft verbessern wollen, müssen Sie genau wissen, wie Sie es derzeit tun. Vor der Perfektionierung durch mentales Training steht also zunächst die eigene Beobachtung des Fahrers und der tatsächlichen Abläufe. Diese Selbstbeobachtung soll einer positiven Einstellung zum eigenen Tun entspringen. Hierzu Keith Code: „Wenn du Deine Fahrweise ändern willst, gibt es nur einen Weg, nämlich indem du änderst, was du gemacht hast. Darum mußt du genau wissen, was du gemacht hast, und nicht, was du nicht gemacht hast.....Denk an deine Fahrweise negativ, dann hast du nichts zu ändern. Betrachte es so, wie es gewesen ist und du hast etwas zu ändern. Negatives Denken ist unglaublich unproduktiv. Etwas zu ändern, was du nicht gemacht hast, ist unmöglich."(2)

Konzentrieren Sie sich auf das, was sie tun wollen, und nicht auf das, was Sie nicht tun wollen. Zum mentalen Training ist es weiterhin erforderlich, unabgelenkt und entspannt zu sein.

Auch unter günstigen Voraussetzungen wird das mentale Training jedoch nicht immer gleich gelingen. Sie können unkonzentriert sein, Abläufe überspringen oder an ihnen „hängenbleiben", indem Sie sie fortwährend im Geiste wiederholen.
Lassen Sie sich dadurch nicht entmutigen. Aus den Fehlern beim Fahren und aus den Fehlern beim mentalen Training des Fahrens kann man nur lernen. „Fehler sind notwendig, um etwas gut zu erlernen; sie sind Teil des Lernprozesses. Mache ich keine Fehler, dann werde ich auch nichts lernen. Fehler stellen lediglich ein Feedback dar."(3)

Visualisieren

Visualisieren ist im Zusammenhang mit mentalem Training das Denken in Bildern; einen Handlungsablauf in der eigenen Vorstellung nachzuvollziehen.
„Es ist die Re-Kreation, die Wiedererschaffung eines vergangenen Erlebnisses durch geistige Vorstellungsbilder. So wie der Begriff hier angewendet wird, bedeutet es, daß wir auch die Gefühle, Sinneswahrnehmungen und Emotionen wiedererschaffen, welche diese Bilder begleiten. Visualisierung stellt demnach die geistige Rekonstruktion einer Erfahrung, eines Erlebnisses dar."(4)

Da wir ohnehin viel in Bildern denken, ist das Visualisieren uns nicht fremd, und es ist durch entsprechendes Training zu vervollkommnen.

Es gibt zwei unterschiedliche Arten des Sich-Vorstellens eines erlebten Handlungsablaufes:
Die subjektive Visualisierung, in der Sie in Ihrer Vorstellung der Darsteller werden. Sie führen dabei die Handlungen und Bewegungen in Ihrer Vorstellung aus und „fühlen" geistig das Resultat.
Bei der objektiven Visualisierung werden Sie zum Beobachter und sehen sich selbst, als würden Sie einen Film von sich betrachten.(5)

Für das mentale Training durch Visualisierung brauchen Sie viel Ruhe und auch Geduld, denn mit der Komplexität der Vorstellung wachsen die Schwierigkeiten. Da es sich jedoch um keine Geheimkunst, sondern um eine lernbare Fähigkeit handelt, werden Sie schnell Fortschritte machen.

Konzentration und Flow

Wir sind sehr geübt darin, unser Handeln und unser Denken voneinander zu trennen. Viele von uns sind Experten darin geworden, körperlich etwas zu tun und sich gleichzeitig etwas anderem zuzuwenden. Wir sind Meister darin geworden, mit unseren Gedanken irgendwo,

nur nicht in der Gegenwart zu leben. Die Gedanken wandern weit weg und kehren erst bei drohender Gefahr wieder in das Hier und Jetzt zurück. Um unser Bestes geben zu können, müssen Denken und Handeln jedoch identisch sein.
Die beste Chance, in einem Krisenmoment einen Unfall abzuwenden, besteht dann, wenn Sie völlig aufmerksam und sich bewußt darüber sind, was Sie in diesem Augenblick tun. Konzentrieren Sie sich jedoch darauf, was geschehen könnte, falls Sie einen Unfall haben, oder ärgern Sie sich über eine getroffene Entscheidung, so führt dies nur dazu, daß Sie Ihre bestmögliche Reaktion selbst untergraben.

Überstürzte Handlungen entstehen, wenn Sie den Augenblick verlieren und versuchen, die Zukunft zu erzwingen. Bleiben Sie dagegen erfolgreich im Augenblick, gibt es keine Panik und Sie können am besten reagieren. Das Ende ist genauso wichtig wie der Anfang.(6)

Auch beim Fahren auf dem Nürburgring wird viel zuviel Energie verschenkt mit unnötigen Gedanken wie
„Was würde geschehen, wenn...?",
„Was bedeutet das für meine Rundenzeit?",
„Was könnten die Leute denken, wenn...?",
„Wie sehe ich aus, wenn ich jetzt in's Brünnchen hinunterfahre?"

Wenn wir uns auf das Hier und Jetzt konzentrieren, haben wir unseren Fokus richtig eingestellt, wie eine optische Linse oder ein Zoom-Objektiv, das auch nicht alle Bereiche gleichzeitig scharf - den gewählten Bereich jedoch optimal - abbilden kann.

Eberspächer nennt diesen Fokus „Konzentration in der Zeit", eine Voraussetzung für effektives Handeln. Konzentration in der Zeit ist die Fähigkeit des Konzentrierens auf die momentan zu verrichtende Tätigkeit ohne ständiges Voraus- oder Zurückdenken.(7)

Ist der richtige Fokus eingestellt und haben wir uns voll konzentriert, werden Bewußtsein und Handeln eins, und durch diese Verschmelzung kommt es zu einem „Fließen" und „Strömen", das heute unter dem Begriff „Flow" bekannt ist.

Flow ist, wenn wir völlig in unserer Aktivität aufgehen, wenn nach einer Art innerer Logik Handlung auf Handlung erfolgt und der Prozeß unseres Tuns als einheitliches Fließen von einem Augenblick zum nächsten erlebt wird. Wir fühlen uns als Meister unseres Handelns und es gibt kaum eine Trennung zwischen uns und der Umwelt, zwischen Stimulus und Reaktion, zwischen Vergangenheit, Gegenwart und Zukunft.(8) Die Grenzen von Subjekt und Welt verwischen sich, Weg und Ziel werden eins, und wir können uns im Tun vergessen.(9) Hier liegt dicht neben dem Reiz des Erlebens zugleich die Gefahr des Flow. Wer kennt nicht solches Erleben beim Fahren?
Wenn ich auf der Nordschleife unterwegs bin und alles gut läuft, meine Verfassung und meine Konzentration optimal ist, scheint es mir manchmal so, als würde mich die sich windende Strecke „ansaugen". Es existiert nichts außer mir, dem quasi zu meinem Körper gehörenden Motorrad und dieser Straße, und alle Fahrabläufe folgen selbstverständlich und leicht aufeinander.

Hierzu eine Schilderung aus den Untersuchungen von Csikszentmihalyi: „Die Bewegungen ... bringen einander selber hervor. In der für den nächsten Augenblick geplanten Bewegung steckt auch schon der Keim der darauffolgenden"....„Deine Bewegungen werden zu einer einzigen großen Bewegung."(10)

Ein wichtiges Element des Flow ist, daß man sich zwar seiner Handlungen, aber nicht seiner selbst bewußt ist. Sobald sich die Aufmerksamkeit teilt und man die eigene Aktivität von außen sieht, wird der Flow unterbrochen. Minimale Unterbrechungen sind häufig und sie treten auf, wenn der handelnden Person Fragen durch den Kopf gehen wie: „Mache ich meine Sache gut?", „Was tue ich hier?" oder „Sollte ich das wirklich tun?" Während einer Flow-Periode kommen solche Fragen nicht vor.(11)

Damit Flow entsteht, damit das Handeln so sehr mit dem Bewußtsein verschmilzt, muß eine wichtige Grundvoraussetzung gegeben sein: Die Aufgabe muß zu bewältigen sein. Flow stellt sich offenbar nur dann ein, wenn die Aufgabe im Bereich der Leistungsfähigkeit des Ausführenden liegt.(12)
„Wird eine Person mit Anforderungen bombardiert, zu deren Bewältigung sie sich außerstande fühlt, entsteht ein Zustand der Angst. Sind die Handlungsanforderungen etwas weniger zahlreich, aber immer noch mehr, als die Person sich zu bewältigen zutraut, ist ein Erlebnis der Sorge die Folge. Flow wird dann erlebt, wenn wir ein Gleichgewicht zwischen Handlungsmöglichkeiten einerseits und unseren Fähigkeiten andererseits wahrnehmen."(13)

Bringe ich mich also in Situationen, die über meiner fahrerischen Leistungsfähigkeit liegen, tritt Flow nicht auf. Bringe ich mich selbst jedoch in die Nähe der Grenze dieser Leistungsfähigkeit, so besteht die Gefahr, daß ich sie nicht erkenne. „Das Gefühl, alles unter Kontrolle zu haben, und die entsprechende Sorgenfreiheit herrschen auch in Flow-Situationen vor, wo die Gefahren für den Teilnehmer 'objektiv' durchaus real sind."(14) Während ich also glaube, alles unter zu Kontrolle zu haben, kann mir diese unbemerkt entgleiten. Flow ist bei Spielen, bei Sport und bestimmten Arbeitsabläufen durchaus angenehm und in diesem Sinne auch positiv. Bei Tätigkeiten jedoch, die gefährlich werden könnten - wie beim Fahren - sollten Sie sich seiner Risiken bewußt sein. Solange Sie Ihre Geschwindigkeit und Ihre Fahr-Erlebnisse stets den äußeren Umständen und Ihren eigenen Möglichkeiten anpassen, stellt das Flow-Erleben auch kein Problem dar.

Anwendungsmöglichkeiten des mentalen Trainings

- Mentales Training von Fahrtechniken, komplexen Handlungsabläufen und Notsituationen:
Beispiel: Ausweichen vor einem Hindernis oder z.B. einem Ölfleck
* Bremsen (volle Aufmerksamkeit für die optimale Betätigung der Vorderradbremse)
* Bremse lösen
* Ausweichbewegung einleiten (Blickverhalten: nicht auf das Hindernis, sondern auf die Ausweichlinie sehen; entgegengesetztes Lenken)
* Am Hindernis vorbeifahren (mit gezogener Kupplung)
* Zurücklenken auf die ursprüngliche oder eine andere unkritische Fahrlinie (wieder einkuppeln oder weiter bremsen).

Besonders komplexe Handlungsabläufe können Sie sich auch von einem guten und erfahrenen Fahrer erklären lassen und die hieraus gewonnenen Erkenntnisse nach kritischer Überprüfung für Ihr mentales Training verwenden.

- Streckenverlauf der Nordschleife, einzelne Kurven und Streckenabschnitte:

Um das Fahren auf der Nordschleife mental zu trainieren, können Sie auf die Fahranweisungen zu den einzelnen Streckenabschnitten in diesem Buch zurückgreifen.
Zuvor müssen Sie diese jedoch um Ihre individuellen Besonderheiten ergänzen:

* Evtl. Abweichung von der geschilderten Ideallinie
* Evtl. andere oder zusätzliche optische Orientierungshilfen
* Brems- und Beschleunigungspunkte

Bitte schreiben Sie dann alles genauestens auf, jedoch so verkürzt, daß es sich für Sie leicht einprägen läßt. Die so entstandenen individuellen Fahrstrategien können Sie beim mentalen Training und auch während der Fahrt im Selbstgespräch laut aufsagen. Sie behalten dadurch den roten Faden in Ihrem Plan von der Strecke und es hilft, Ihre Gedanken zu ordnen.

Blickverhalten

„Du kannst hinfahren, wohin Du nicht schaust, aber mach' erst das Gas zu."(15)

Neben unserem „Körpersinn", mit dem wir die Bewegungen des Motorrades und die Straße erfühlen, übernehmen unsere Augen den wesentlichen Teil der Wahrnehmung beim Fahren.

Richtiges Hinsehen will jedoch gelernt sein.

Es ist wichtig, weit vorauszublicken und nicht nur von einer Kurve zur nächsten zu fahren, sondern die folgenden Kurven schon in seinen Bewegungsablauf einzubeziehen. Dies ergibt weite, fließende Bewegungen, die für den Motorradfahrer auch im Alltagsverkehr wichtig sind.(16)

Das Blickverhalten ist generell von großer Bedeutung für sicheres Fahren. Wer stets vor das Vorderrad schaut, wird eben diese fließende Fahrweise kaum erreichen. Der Fahrer blickt dorthin, wo er hinfahren will und das Motorrad folgt. Sehr anschaulich hierzu John Berger: „...es sind deine Augen, mit denen du zuerst zielst. Wenn du hier ausweichen und dort hinkommen willst, mußt du dorthin blicken, deine Augen dorthin richten, und du und das Motorrad werden folgen. Im Grunde lenkst du weder mit deinen Armen noch mit deinem Körper, sondern indem du deine Augen auf etwas heftest. (Wenn du anfängst, auf etwas zu starren, dem du ausweichen möchtest, wirst du es treffen.) Du fährst, wohin du siehst. Dein 'fester Blick' leitet dich, aber es ist auch, als zerre das, was du anvisierst, an dir. Als ziehe es dich an."(17)

Für den Alltagsverkehr bedeutet richtiges Blickverhalten also auch, daß man z.B. bei schwierigen Ausweichmanövern nicht wie gebannt auf das Hindernis starrt, sondern die Linie anvisiert, auf der man es umfahren will.
Sehen Sie immer dorthin, wohin Sie fahren wollen!

Viele Fahrer sehen generell nicht weit genug nach vorn und schränken dadurch ihren vertikalen Blickwinkel unnötig ein. Das Blickfeld wird dadurch so kurz, daß wichtige Streckeninformationen nicht erkannt werden (vergl. Abbildung 3). Achten Sie daher stets auf eine „erhobene" Kopfhaltung und richten Sie den Blick voraus.
Gerade in Gefahrensituationen ist die Versuchung besonders groß, wieder nur vor das Vorderrad zu schauen, was die Situation noch verschärft. Es ist deshalb wichtig, sich das richtige Blickverhalten immer wieder zu vergegenwärtigen, damit es auch in Streßsituationen zur Verfügung steht.

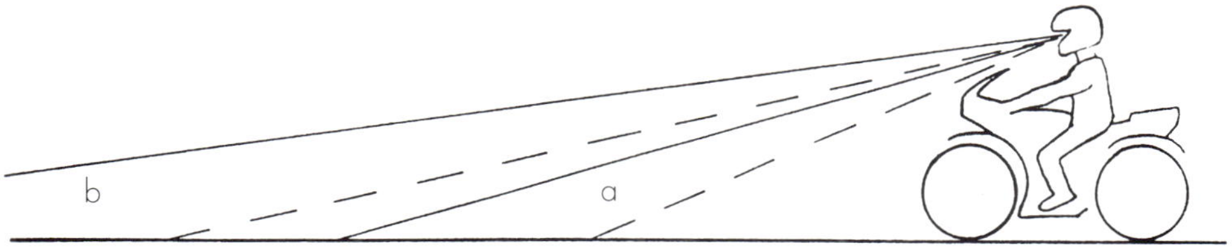

Abb. 3: Vertikale Blickfeldeinschränkung durch falsche Kopfhaltung

Die Umsetzung des Bewegungsablaufes für die Ideallinie gelingt jedoch am besten, wenn der Bewegungsentwurf möglichst „unthematisch" bleibt, also spontan und ohne ständiges Nachdenken. Für den noch unerfahrenen Fahrer ist dieses ständige Vergegenwärtigen noch erforderlich. Später jedoch wird der Bewegungsablauf selbstverständlicher und bedarf weniger der bewußten Zuwendung.(18)
Hierzu noch das einprägsame „Bierdeckel-Beispiel" von Prof. Spiegel:
Man legt auf einem ruhigen Park- oder Übungsplatz einen Bierdeckel auf die Fahrbahn und versucht, ihn möglichst exakt zu überfahren. Die Übung gelingt zumeist nicht, solange der Fahrer unverwandt den Bierdeckel anvisiert. Das ständige Anblicken bringt den Vorgang auf ein zu hohes thematisches Niveau, führt zu einer zu hohen „Ich-Beteiligung". Der mit dem Blick fixierte Bierdeckel ist nun das beherrschende Thema und die Folge ist eine Anzahl fortgesetzter Korrekturen, die schließlich am Ziel vorbeiführen.
Der Fahrer sollte den Bierdeckel zwar zunächst anvisieren, dann aber über ihn hinausblicken, so daß er nur noch unscharf im unteren Randbereich des Gesichtsfeldes erscheint.(19)

Der erfahrene Fahrer hat gelernt, tief in die Kurve hinein und weit vorauszublicken, den Blick aber auch wieder zu lösen. Er konzentriert sich nun nicht mehr auf viele kurze und voneinander getrennte Teilabschnitte, sondern begreift und „erblickt" größere Streckenabschnitte in ihrer Gesamtheit. Hierdurch kann er eine flüssige und harmonische Linie finden.

Die Abbildung 4 zeigt, wie sich der Blickwinkel abhängig von der Kopfhaltung verändert:

a1 gestrichelter Winkel:	Fahrer schaut zu kurz und nicht weit genug in die Kurve hinein.
a2 gestrichelter Winkel:	Fahrer schaut weit, aber nicht weit genug in die Kurve hinein.
b1 durchgezogener Winkel:	Fahrer schaut zu kurz, aber weit genug in die Kurve hinein.
b2 durchgezogener Winkel:	Fahrer schaut weit und weit genug in die Kurve hinein.

Nur b2 ergibt den optimalen Blickwinkel. Der Winkel a1 ist eine gefährliche Multiplikation der beiden Blickfeldeinschränkungen.

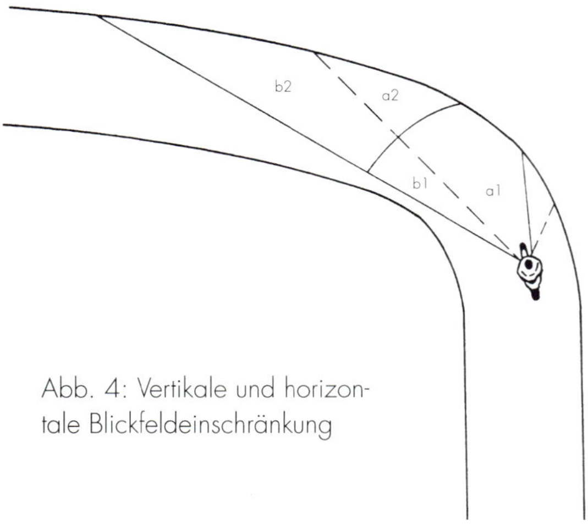

Abb. 4: Vertikale und horizontale Blickfeldeinschränkung

Untersuchungen von Professor Ungerer belegen einen tendenziellen Rechtsdrall beim Blickverhalten von Fahranfängern. Diese verunglücken besonders häufig in langgezogenen Linkskurven. Die Fahrer befinden sich mit ihrem Blick noch in einem Bereich des Kurvenradius, den sie faktisch bereits verlassen haben und können dadurch die Lenkung nicht angemessen nachkorrigieren. Dies führt zum Verlassen der Fahrbahn nach rechts in Leitplanke oder Straßengraben. Bei Rechtskurven ist dieser Rechtsdrall eher unkritisch, da sie bei diesem Kurvenverlauf unwillkürlich ausreichend weit in die Kurve hineinschauen.
Diese „Blick-Tips" sind sinngemäß auch für das Fahren auf der Rennstrecke übertragbar: Weit in die Kurve hineinschauen, die Orientierungspunkte so lange wie nötig anblicken, dann jedoch den Blick wieder lösen und weiterwandern lassen. Den Blick dann kurz wieder zurücknehmen, um aus der Nähe z.B. kritische Fahrbahnzustände zu erkennen und dann wieder nach vorn orientieren (Blick pendeln lassen).
Bei einem evtl. vorausfahrenden Fahrer nicht mit dem Blick an dessen Hinterrad „kleben". Üben Sie also eine weiträumige Wahrnehmung mit gezielt veränderten Fixationspunkten.

Code empfiehlt darüber hinaus den sogenannten Weitwinkelblick, durch den nicht die Augen, sondern die Aufmerksamkeit des Fahrers zwischen verschiedenen Objekten innerhalb des Blickfeldes hin und her wechselt. Code bietet für das Erlernen des Weitwinkelblickes verschiedene praktische Übungen an.(20)
Ein solcher Weitwinkelblick wäre sehr hilfreich, weil sich unser Blickfeld bei zunehmender Geschwindigkeit ohnehin immer mehr verengt. Je schneller Sie fahren, desto weiter schauen Sie voraus. Ihre Augen verhalten sich dabei ähnlich wie eine optische Kamera mit Zoom-Objektiv. Wenn Sie schnell fahren, stellen Sie auf „Tele" und der restliche Bereich wird regelrecht „weggezoomt". Dieses Phänomen nennt man Röhreneffekt. Der Röhreneffekt tritt unabhängig von der Art des Fahrzeugs und von der Streckenführung auf.

In der Schräglage sollten Sie den Kopf so halten, daß die Augen nicht schräg, sondern parallel zur Straße blicken, damit diese in der Waagerechten bleibt und Kurven gut einsehbar sind. Nur so nehmen Sie die Umgebung realistisch wahr und schaffen eine wichtige Grundvoraussetzung für die richtige Kurvenlinie.

Einschätzung der eigenen Schräglage

Motorradfahren wird häufiger durch unsere Einschätzungen, Wahrnehmungen und Vermutungen beeinflußt, als durch die tatsächlichen Gegebenheiten.(21)

Die Wirklichkeit der tatsächlich eingenommenen Schräglage und die Annahmen und Vermutungen des Fahrers darüber sollen deckungsgleich sein. Komplexe Bewegungs- und Fahrabläufe wie Motorradfahren erfordern eine Handlungsfähigkeit, die sich nicht an Vermutungen, sondern an Tatsachen orientiert. Die Überschätzung der eigenen Schräglage und deren Unterschätzung können gleich gefährlich sein.
Die von der Einheit Fahrer/Maschine eingenommene Schräglage hat unmittelbare Einwirkung auf den Kraftschluß zwischen Reifen und Fahrbahn. Ebenso wie Bremskräfte und Beschleunigungskräfte können Seitenführungskräfte nicht nach Belieben, sondern nur in Abhängigkeit vom Reibwert übertragen werden. Wird die physikalische Grenze überschritten, kommt es zum Sturz - wird in einer Notsituation die Annäherung an diese Grenze nicht erreicht, kann dies ebenfalls zu einen vermeidbaren Sturz führen.

Überschätzung der eigenen Schräglage:

Der Fahrer schätzt seine Schräglage stärker ein, als sie es tatsächlich ist.
Nimmt er an, daß er mit seiner Schräglage nun an eine physikalische Grenze stößt, so hat dies im Ergebnis die gleichen Auswirkungen als wäre es tatsächlich so.
In einer Gefahrensituation ist er nicht in der Lage, seine Schräglage zu vergrößern, um eine Kollision oder einen Sturz durch das Verlassen der Fahrlinie zu vermeiden.

Ein Sicherheitspolster ist zwar objektiv, jedoch tatsächlich nicht vorhanden, weil er sich bereits an der Grenze des Machbaren wähnt.

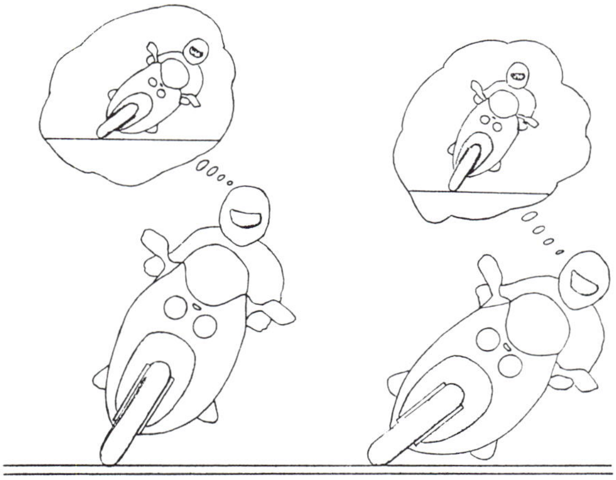

Abb. 5: Falsche Einschätzung der eigenen Schräglage

Unterschätzung der eigenen Schräglage:

Der Fahrer schätzt seine Schräglage geringer ein, als sie es tatsächlich ist.
Er bewegt sich schon nahe am Grenzbereich, ohne dies wahrzunehmen.
Möglicherweise setzt er sich selbst unter Druck, um „bessere" Schräglagen zu fahren. Ein Sicherheitspolster ist zwar in seiner Vorstellung, objektiv jedoch kaum vorhanden.

Von den beiden genannten Möglichkeiten ist die erste sicherlich am häufigsten anzutreffen. Die Überschätzung der eigenen Schräglage ist insofern eine Unterschätzung des fahrerisch Möglichen. Dieses fahrerisch Mögliche gehört zwar nicht in den öffentlichen Straßenverkehr, der Fahrer sollte jedoch über eine Reserve an Fahrfertigkeiten verfügen, die er in einer Gefahrensituation einsetzen kann. Auf welchem Niveau sich diese Reserven befinden, ist relativ gleichgültig, solange sie nur vorhanden sind.

Alle objektiven Rückmeldungen sind geeignet, die notwendige Balance zwischen Einschätzung und Wirklichkeit herzustellen.
Für den Fahrer, der seine Schräglage stets unterschätzt, muß es nicht erst das unsanfte Aufsetzen der Fußraste sein. Ein Kreidestrich quer über den hinteren Reifen kann hier aufschlußreich sein. Auch ohne Kreidestrich kann man dem Reifen ansehen, bis zu welchem Grad er „angefahren" wurde. Dies könnte auch demjenigen Fahrer Mut machen, der seine Schräglage über-

schätzt, einmal tiefer abzuwinkeln, um diese Reserve in einer Gefahrensituation zur Verfügung zu haben.
Hier ist wieder die Nürburgring-Nordschleife der geeignete Ort, um solche Möglichkeiten fernab vom öffentlichen Straßenverkehr - mit aller nötigen Vorsicht - auszuprobieren.

Kennenlernen der Strecke

Noch sehr gut erinnere ich mich an meine Situation als Neuling auf der Nordschleife.
Meine erste Runde fuhr ich mit einigen schnellen Fahrern und ich hatte meine liebe Not, dranzubleiben. Die verwirrenden Kurvenfolgen und die Auffahrten in das Nichts der Kuppen verunsicherten mich, da ich nicht wußte, was mich erwartete und ich mich nicht auf andere verlassen wollte. Schnell merkte ich, daß ich besser allein auf der Strecke zurechtkam oder mit jemandem, der sich die Zeit für mich nahm und für das Tempo, das mir vertretbar erschien.

Zurückblickend glaube ich, daß dies allgemein der bessere und gesündere Weg ist, die Nordschleife kennenzulernen. Fährt man einem schnelleren Fahrer hinterher, ist man so mit dem Fahren beschäftigt, daß kaum noch Aufmerksamkeit für die Strecke übrigbleibt.
Schnelles Fahren und Streckenkenntnis gehören besonders am Nürburgring zusammen und wachsen nur langsam.
Die Bilder der Strecke in meinem Kopf fügten sich nur sehr langsam und lückenhaft zusammen. Noch heute erinnere ich mich an diese bruchstückhaften Bilder einzelner Streckenabschnitte, die auf eine merkwürdige Weise nur wenig mit der Strecke zu tun haben, wie ich sie heute kenne. Dennoch war jeder Trugschluß und jedes Zögern wichtig.
Viel gebracht haben mir auch lange (und natürlich vorsichtige) Fahrten im strömenden Regen oder eine eiskalte Runde am frühen Morgen im dichten Nebel.

Daneben gibt es auch noch eine andere Möglichkeit, den Ring besser kennenzulernen: zu Fuß auf den schönen Wanderwegen am Streckenrand. Dabei kann man die einzelnen Streckenabschnitte aus der Distanz und aus verschiedenen Perspektiven betrachten. Diese „Distanz" bietet auch die Gelegenheit, den Fahrstil anderer in Ruhe zu studieren.

Allgemein gilt also: Die Annäherung an die Nordschleife erfolgt gesunderweise behutsam und mit Respekt.
Hierzu, jedoch auch allgemein zum Thema Nürburgring möchte ich Michael Martini aus Nürburg, früher aktiver Autorennfahrer und heute bekannt als der Fahrer des Ringtaxis, zu Wort kommen lassen:

„Ich bin hier am Nürburgring geboren. Ich stamme aus Adenau, wohne jetzt in Nürburg - man sieht schon, ich bin also nie sehr weit vom Ring weggekommen. Diese Atmosphäre steckt einem im Blut. Für mich gibt es nichts Schöneres als die Nordschleife; die Nordschleife zu fahren - egal bei welchem Wetter, ob bei Tag oder bei Nacht, das ist eine einzige Faszination. Wieviel Runden Sie auch gefahren haben, ob 1000 oder 2000, es ist immer wieder ein neues Erlebnis, immer wieder ein neues Entdecken der Strecke.
Ungefähr 2500 Runden habe ich im Rennbetrieb, weitere 2000 Runden im Renn-Taxi mit Passagieren und auch sonst noch einige Runden gefahren.
Am liebsten fahre ich Kallenhard hinunter, das ist ganz klar mein Lieblingsstück. Aber als be-

sonders kritische Stelle, würde ich vielleicht den zweiten Sprunghügel am Pflanzgarten bezeichnen mit dem anschließenden Geschlängel zum Schwalbenschwanz hin.
Dort muß man ganz besonders konzentriert fahren und kann sich überhaupt keinen Fehler leisten.

Einem Neuling, der hier zum Nürburgring kommt und die Nordschleife kennenlernen möchte, kann ich nur folgende Empfehlung geben:
Er sollte möglichst langsam fahren und erst einmal die Strecke kennenlernen. Erst dann kann er sich stetig steigern und schneller werden. Er sollte vielleicht erst einmal anfangen, eine Runde nur mit 60 Stundenkilometern zu fahren, auch wenn sich das vielleicht lächerlich anhören sollte. Selbst dann wird es schon Probleme geben bei einigen Kurven. Erst einmal mit 60 rundrollen, dann mit 80 und langsam steigern, so daß man die Strecke erst einmal in den Kopf bekommt. Nur dann sollte man versuchen, schnell zu fahren."

Martin Wimmer, der die Nordschleife als die anspruchsvollste Strecke der Welt bezeichnet, gibt folgende Empfehlungen zum Kennenlernen des Kurses:

„Die Problematik beim Kennenlernen der Nordschleife besteht in ihrer Länge. Um sie insgesamt zu begreifen, ist es das beste, sie in 4 Teile aufzuteilen und diese Sektionen - bei kompletten Runden - einzeln zu lernen. Meine Vorgehensweise war dabei folgende:

Bei den ersten 10 Runden, am ersten Trainingstag, habe ich mich nur auf den Abschnitt bis zur Anfahrt Fuchsröhre konzentriert.
Den Rest der Strecke bin ich zwar gefahren, aber ohne den Anspruch, sie kennenzulernen. Am 2. Tag, bei den nächsten 10 Runden, nahm ich mir den Teil Fuchsröhre bis Ausfahrt Breidscheid vor und habe die anderen Abschnitte wieder ohne speziellen Anspruch durchfahren. Am 5. Tag konnte ich so die ganze Nordschleife erstmals bewußt komplett fahren, um in der nächsten Woche mit der Feinarbeit zu beginnen."

Sie müssen für sich selbst herausfinden, wie Sie die Strecke kennenlernen wollen. Bitte tun Sie es in jedem Fall mit der nötigen Behutsamkeit und Vorsicht.

Abb. 6: Steckenabschnitt Flugplatz

10 TIPS FÜR DAS FAHREN AUF DER NORDSCHLEIFE

1. Zeitdruck vermeiden

Lassen Sie die Stoppuhr zuhause. Sie setzen sich selbst unter Druck, indem Sie nach der Stoppuhr fahren. Das Fahren soll in erster Linie Spaß machen, und wenn Sie daran arbeiten, einen sauberen und runden Fahrstil zu erreichen oder diesen noch zu verbessern, so wird Ihre Rundenzeit meist von selbst kürzer werden.

2. Rücksicht nehmen

Überholen und überholen lassen, beides wird Sie bei Ihren Fahrten auf der Nordschleife stets begleiten. Ring-Neulinge haben besonderen Streß beim ständigen Rückspiegel-Blick und beim Überholtwerden. Manche Fahrer meinen, Sie wären bei einem Rennen und andere fänden nichts dabei, wenn sie von ihnen im Zentimeterabstand überholt werden. Solches Verhalten ist jedoch nicht sportlich, sondern einfach rücksichtslos, auch ohne die Benutzungsordnung des Nürburgrings und die Straßenverkehrsordnung zu bemühen. Allerdings ist demjenigen, der überholen möchte, auch bei nächster Gelegenheit Platz zu machen.
Autofahrer sollten bedenken, daß Motorräder in den Kurven einen erhöhten Platzbedarf haben, sie in Schräglage breiter werden. Ein Autofahrer, der einen Motorradfahrer in einer Kurve innen überholt, schickt diesen auf den Grünstreifen.

3. Wetter und Streckenzustand beachten

Bei Rennveranstaltungen wird in der Regel mit Rennreifen gefahren, die einem starken Gummiabrieb unterliegen. Dieser Abrieb bleibt auf der Strecke haften und ist bei Nässe so rutschig, daß nur eine sehr vorsichtige Fahrweise mit geringer Schräglage vor dem Sturz bewahrt. In dieser Hinsicht besonders gefährdete Zonen sind in der Hatzenbach oder bei Breidscheid.

Das Eifelwetter zeigt sich gelegentlich sehr launisch und die Nordschleife ist lang. So können Sie bei schönstem Sonnenschein starten, während es in der Hohen Acht bereits regnet. Wenn Sie in den Regen hineinfahren und die Tropfen auf Visier und Verkleidungsscheibe bemerken, können Sie wahrscheinlich noch rechtzeitig Gas wegnehmen. Der Sturz ist jedoch vorprogrammiert, wenn Sie ahnungslos und mit unverminderter Geschwindigkeit in einen Streckenabschnitt hineinfahren, an dem es gerade geregnet hat.

Der bereits erwähnte Gummiabrieb auf der Strecke ist nach einer Rennveranstaltung meist des Guten zuviel. Sie merken es daran, daß Ihre Reifen nun kleinste Profilstückchen „aufsammeln". Unter diesen Bedingungen ist die geringste Spur von Nässe schon äußerst gefährlich. In der kälteren Jahreszeit ist weiterhin zu bedenken, daß die Reifen noch mehr Zeit zum Erwärmen benötigen. Hierüber sollten Sie sich besonders in der ersten Runde und in der Hatzenbach bewußt sein.

4. Veränderungen der Strecke berücksichtigen

Ein neuer Fahrbahnbelag und die Übergänge zum alten, Bodenwellen, kleinere Fahrbahnfugen - alle diese Veränderungen können aufgetreten sein, wenn Sie nur einige Wochen nicht mehr am Nürburgring gewesen sind. Verlassen Sie sich deshalb nicht darauf, daß Sie eine bestimmte Kurve blind mit einer bestimmten Geschwindigkeit fahren können.

5. Immer mit Überraschungen rechnen

Kaum eine Strecke formt sich so durch die gefahrene Geschwindigkeit und ändert ihr „Gesicht" so stark bei höherem Tempo wie die Nordschleife. Streckenabschnitte, die bisher als relativ unproblematisch erlebt wurden, zeigen nun ihre Tücken: Kuppen, die nie bemerkt wurden, und leichte Biegungen der Strecke, die sich nun als heftige Kurven darstellen.

Wenn Sie also eine größere Fahrpraxis erreicht und sich zu einem höheren Tempo entschlossen haben, so rechnen Sie bitte nicht damit, daß es „so in der Art schon weitergeht". Rechnen Sie dagegen stets mit Problemen und steigern Sie daher Ihre Geschwindigkeit sehr behutsam.

Zudem wird deutlich, daß die einzelnen Kurven, Kuppen und Senken - ja sogar ganze Streckenabschnitte - miteinander verbunden sind und auch so gefahren werden wollen. Die Steigerung des Tempos in einem Teil der Strecke kann zu erheblichen Problemen schon in der nächsten Kurve führen.

6. Signale des Fahrzeugs beachten

Die Fahrwerkstechnik unserer heutigen Motorräder ist allgemein auf einem sehr hohen Stand. Eine schnelle Runde auf der Nordschleife entlockt jedoch auch einem guten Motorrad einige ungeahnte Bewegungen. Sie spüren es beim Überfahren von Kuppen und Bodenwellen und besonders, wenn Schräglage hinzukommt.

Hier gibt es keine allgemeingültigen Tips, da die Faktoren Tempo, Linie, Fahrwerk und Haltung des Fahrers auf dem Motorrad zusammenwirken.
Wenn Ihr technisch einwandfreies Motorrad in einem Streckenabschnitt stets bedrohlich pendelt, es Ihnen bei einer bestimmten Bodenwelle fast den Lenker aus der Hand schlägt oder es in einer Kurve immer brutal aufsetzt, so bedenken Sie bitte: Jedes Motorrad ist für einen bestimmten Einsatzzweck geschaffen und auch die Allround-Modelle bestehen aus Kompromissen. So wie die meisten Supersportler auf langen Touren keine Freude bereiten, sind viele Tourenmaschinen auf der Nordschleife überfordert (besonders hinsichtlich der Bodenfreiheit). Nehmen Sie bitte die Signale Ihres Fahrzeugs ernst und zwingen Sie es nicht zu Dingen, für die es nicht geschaffen wurde.
Lassen Sie es ruhig angehen - der Spaß hängt nicht vom Tempo und von spektakulären Aktionen ab.

7. Locker bleiben

Bleiben Sie locker und entspannt. Sie brauchen das Motorrad nicht zu bezwingen, sondern nur zu führen. Sitzen Sie verkrampft und klammern sich am Lenker fest, so ist es ein Zeichen dafür, eine Pause einzulegen oder langsamer zu fahren.

8. Eigene Konzentrationsfähigkeit beachten

Beachten und akzeptieren Sie Ihre eigene Konzentrationsfähigkeit. Wenn Sie mehrere Runden hintereinander über die Nordschleife fahren, so ist das geistige Schwerstarbeit.
Zwangsläufig wird je nach Ihrer derzeitigen körperlichen und geistigen Verfassung und den äußeren Bedingungen, wie z.B. Hitze oder Kälte, Ihre Konzentrationsfähigkeit nachlassen. Es

besteht die Gefahr, daß es nun zu Fahrfehlern kommt. Werten Sie solche Fehler als Alarmsignale und versuchen Sie nicht, sie wieder wettzumachen.
Niemand hetzt Sie und auch hier gilt, daß eine Pause die beste Abhilfe ist.

Manchmal liegt es auch einfach an der Tagesform. Akzeptieren Sie, daß Sie nicht wie eine Maschine an jedem beliebigen Tag die gleiche Leistung bringen können. Versuchen Sie es ein anderes Mal. Wenn Sie gesund bleiben - die Nordschleife wird Ihnen gewiß nicht weglaufen.

9. Eigene Leistungsfähigkeit akzeptieren

Jeder Mensch hat seine Stärken und Schwächen und nicht jeder kann in jedem Bereich Höchstleistungen vollbringen. Spitzensportler haben häufig eine natürliche Veranlagung und ihren Sport schon in jungen Jahren ausgeübt. Sie trainieren intensiv, und was für uns ein sehr schönes Hobby sein kann, ist für sie ihr Beruf. Dieser Vorsprung ist auch mit einem starken Willen zur Leistung nicht aufholbar.

Wenn Sie versuchen, wie ein Tennis-As zu spielen, können Sie sich blamieren und einige Zerrungen oder Verrenkungen zuziehen. Wenn Sie versuchen, wie ein Profi-Rennfahrer zu fahren, können Sie dabei sterben!

Deshalb ist es wichtig, die eigenen Grenzen und die eigene Leistungsfähigkeit zu akzeptieren. Eifern Sie nicht anderen und deren Rundenzeiten nach, sondern fahren Sie für sich selbst.

10. Eigene Strategien entwickeln

Dieser Tip ist also gar keiner, sondern eine Aufforderung an Sie, selbst Tips und Fahr-Strategien zu entwickeln. Nicht alles, was andere Ihnen sagen und auch nicht jeder Ratschlag aus diesem Buch muß zwangsläufig auch für Sie das Nonplusultra sein. Dies gilt ganz besonders für alle Ratschläge, die zum schnelleren Fahren führen sollen.

Wenn Sie Ihre und die Sicherheit der anderen allen Überlegungen voranstellen und Ihre Linie und Fahrtechnik funktioniert, so ist sie für Sie und Ihr Fahrzeug wahrscheinlich auch die richtige.

Bitte überprüfen Sie jedoch ständig, was Sie tun, und auch, was Sie unterlassen. Auch Ihre eigenen Tips und Strategien können für Sie selbst schon morgen überholt sein.

ZU DEN ZEICHNUNGEN UND ZUR IDEALLINIE

Die Zeichnungen waren für mich der arbeitsaufwendigste Teil dieses Buches. Wenn man sie ansieht, vermutet man dies zunächst wohl nicht und vielleicht entdeckt der eine oder andere Betrachter noch eine kleine Unzulänglichkeit.

Als Grundvoraussetzung mußte ich zuerst einmal Skizzen anfertigen und bin dafür tagelang die Nordschleife abgewandert, teilweise von beiden Seiten. Zur Unterstützung der Skizzen habe ich weiterhin etwa 800 Detailfotos von den einzelnen Streckenabschnitten aufgenommen und diese Fotos zuhause anhand der an Ort und Stelle angefertigten Notizen ausgewertet.

Zu meiner besseren Orientierung hatte ich mir vom Landesvermessungsamt Rheinland-Pfalz in Koblenz Karten und Luftbildaufnahmen besorgt. Diese haben mir geholfen, den allgemeinen Überblick zu behalten und die Proportionen der Streckenabschnitte einzuschätzen.

Zuhause am Schreibtisch stand ich nun vor der Aufgabe, dies alles zu einer detaillierten Darstellung der Nordschleife zu verbinden. Mit jeder einzelnen Kurve habe ich gerungen, mit dem Verhältnis aller Details und Orientierungspunkte zueinander und habe doch jede fertige Zeichnung mehrfach wieder verworfen und neu begonnen. So oft ich jedoch eine Zeichnung auch überarbeitete, es gab immer wieder kleine Unregelmäßigkeiten, die ich nach und nach vermindern, aber nie völlig ausschließen konnte.

Zwar sind nun die Zeichnungen so exakt, wie es mir nur irgend möglich war und weisen keine Lücken auf, sie sind jedoch keine maßstabsgerechte Karte. Dies hat jedoch gute Gründe: Schauen Sie sich einmal eine Karte oder Luftbildaufnahme des Nürburgrings an und Sie werden feststellen, daß schwierige Kurvenkombinationen entweder kaum auszumachen sind oder auf ernüchternde Weise unspektakulär wirken, wie z.B. im Kesselchen. Vogelperspektive und subjektives Erleben aus Fahrerperspektive sind eben nur begrenzt miteinander zu vergleichen und deshalb finde ich es wichtiger, mit meinen Zeichnungen dem Erleben des Fahrers Rechnung zu tragen. So ist manche Kurve ein wenig ausgeprägter ausgefallen, als ein Kartograph sie dargestellt hätte. Dies hat sich jedoch in anderer Form ausgewirkt: Stelle ich z.B. vier aufeinanderfolgende leichte Linkskurven nur ein wenig ausgeprägter und somit erkennbarer dar, so bewirken sie in ihrer Summe eine stärkere Linksausrichtung des gesamten Streckenabschnittes als auf einer Karte oder Luftbildaufnahme. Meinen ursprünglichen Anspruch, daß alle Zeichnungen aneinandergelegt eine perfekte Riesenkarte der Nordschleife ergeben und der „Ring" sich schließt, konnte ich deshalb nicht mehr halten. Es gibt keine Lücken zwischen den Streckenabschnitten, die ein Füllen, Verdrehen und „Hinbiegen" möglich machen könnten. Diese fehlenden Lücken machten mir auch auf andere Weise zu schaffen: Mußte die Proportion nur einer Zeichnung verändert werden, so hatte dies wie bei einer Kettenreaktion Auswirkungen auf die anderen.

Ich habe mich auf das für den Fahrer Notwendige beschränkt. Auf eine farbige Darstellung des Streckenrandes habe ich verzichtet und ebenso auf alle Postenschilder und sonstigen Streckenmerkmale, die dem Fahrer nicht als Orientierungshilfe dienen.
Wenn es zeichnerisch möglich gewesen wäre, könnten Sie die Anzahl der Felder auf den Abweisern nachzählen, denn ich habe Sie alle gezählt. Letztlich habe ich es mir nicht nehmen lassen, ein langes rotes Feld oder ein schräg beginnendes auch so zu zeichnen - denn die Detailtreue darf bei einer so schönen und faszinierenden Strecke wie der Nordschleife nicht zu kurz kommen.

Abb. 7: Curbs im Streckenabschnitt Wippermann

Die eingezeichnete Ideallinie und die dazugehörigen Erläuterungen stellen eine Empfehlung dar. In Fahrerlehrgängen lernt man, manche Kurven noch später anzufahren und der Rennfahrer wird durch sein höheres Tempo ebenfalls an einigen Stellen von der Linie abweichen. Es gibt keine allgemeingültige „Lehrbuchlinie", an der man das Maßband anlegen kann. Auch die Nordschleifen-Kenner haben unterschiedliche Meinungen. Je nach eigener Erfahrung, Gefühl und Fahrzeugtyp fahren sie kleinere Abweichungen, um z.B. eine Bodenwelle zu umgehen, oder - für ihren speziellen Fahrstil - etwas schneller zu sein.

Die dargestellte Ideallinie ist kein Dogma, sie ist eine Annäherung an die „ideale Linie", die jeder Fahrer unter größter Vorsicht für sich selbst herausfinden muß.
Aus diesem Grund habe ich bei den Erläuterungen zur Ideallinie Empfehlungen vermieden wie „hier voll beschleunigen", „hart anbremsen", usw. Einige der Spezial-Tips von Helmut Dähne sind darüber hinaus wirklich als spezielle Tips für Nordschleifen-Kenner zu verstehen und sollten auch nur von solchen und dann nur mit größter Vorsicht ausprobiert werden.

Besonderheiten für Autofahrer:

Die eingezeichnete Ideallinie bezieht sich auf diejenige des Motorradfahrers. Wenn Sie die Zeichnungen als Autofahrer betrachten, so beachten Sie bitte die besonderen Hinweise für Autofahrer bei den Erläuterungen zur Ideallinie zu den einzelnen Zeichnungen.
Bei der Umsetzung für Ihre Fahrtechnik ist besondere Vorsicht angebracht, da nicht jede kleine Besonderheit dargestellt werden kann. Im Zweifel nutzen Sie die eingezeichnete Linie lediglich als grobe Orientierung und skizzieren Sie Ihre eigene Fahrlinie.
Zu den „Besonderheiten für Autofahrer" (fachliche Beratung: Armin Hahne, Michael Martini und Rolf Rosenkranz) gibt es noch Grundsätzliches zu erwähnen:
Entscheidend ist zunächst die Antriebsart des Autos, ob es also heck-, front oder allradangetrieben ist. Beim Heckantrieb wäre darüber hinaus noch die Lage des Motors zu berücksichtigen. Hierdurch verändern sich die Einlenkpunkte, und die Antriebskonzepte haben somit auch Auswirkungen auf die Art und Weise, wie die einzelnen Farbmarkierungen angefahren werden.

Allgemein kann man sagen:

- Frontantrieb: Untersteuernd, neigt zum Schieben über die Vorderachse. Eher einlenken, besonders bei Nässe.
- Heckantrieb: Übersteuernd, neigt zum Ausbrechen des Hecks. Später einlenken, unter Belastung durch die Kurve fahren. Die meisten modernen Hecktriebler mit Mittelmotor werden tendenziell untersteuernd ausgelegt.
- Allradantrieb: Weitgehend neutral, Gesamttendenz eher wie Frontantrieb; läßt höhere Kurvengeschwindigkeiten zu. Optimales Einlenken möglich, jedoch besondere Vorsicht im Grenzbereich; dieser wird zwar später erreicht, ist jedoch schmaler.

Für Fahrer mit einem ABS-gebremsten Auto besteht die Möglichkeit, bis in die Kurve hinein zu bremsen.

Einige Rennfahrer neigen dazu, auf der Nordschleife bei trockener Fahrbahn das ABS auszuschalten. Speziell durch die Sprunghügel und Unebenheiten in Bremszonen kann es Schwierigkeiten im Ansprechverhalten geben, da das ABS nur dann korrekt arbeitet, wenn alle vier Räder Fahrbahnkontakt haben. (Beispiel: Sprungkuppe Pflanzgarten I)

Der Kurvenradius auf der Ideallinie ist mit einem Auto enger als mit einem Motorrad. Der Motorradfahrer hat in der Relation zur Breite seines Fahrzeugs mehr Streckenbreite zur Verfügung.
Der Autofahrer hat durch die Spurbreite des Autos weniger Platz, kann allerdings näher an die Abweiser (Curbs) heran oder sogar darauf fahren. Dies ist für den Motorradfahrer nicht empfehlenswert, da er an den ansteigenden Abweisern mit den Fußrasten hängenbleiben kann und die Abweiser einen geringeren Reibbeiwert aufweisen.

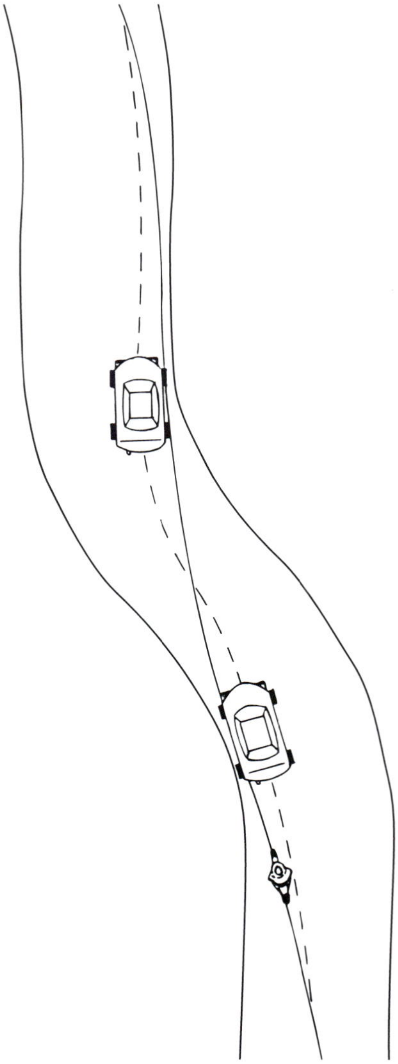

Aufgrund der heutigen Fahrzeugtechnik ist ein Auto durch dieses Handikap nicht unbedingt langsamer, da die erreichbaren Kurvengeschwindigkeiten hoch sind, häufig sogar höher als bei Motorrädern. Ist eine Kurvenkombination so großräumig, daß ausreichend Raum zur Verfügung steht, fallen die Unterschiede in der Ideallinie nicht so gravierend aus.

EINE RUNDE NÜRBURGRING-NORDSCHLEIFE IM DETAIL

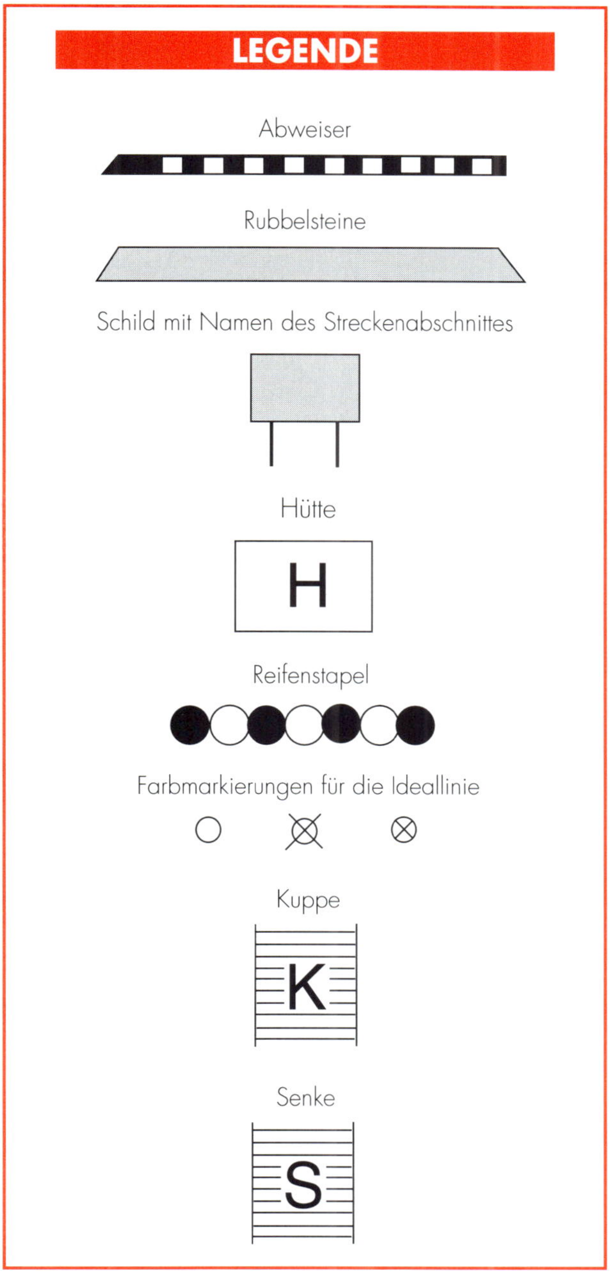

Rechtlicher Hinweis: Alle Ratschläge in diesem Buch sind sorgfältig erwogen und geprüft. Jedwede Haftung des Autors für Personen-, Sach- und Vermögensschäden ist ausgeschlossen. Bitte fahren Sie vorsichtig und berücksichtigen Sie auch, daß die Nürburgring-Nordschleife nach Drucklegung dieses Buches Veränderungen baulicher Art erfahren könnte oder Orientierungspunkte wie z.B. Schilder entfernt oder verändert werden könnten.

ÜBERSICHT START BIS HOCHEICHEN

Umfaßt die Zeichnungen:

- Start
- Anfahrt Hatzenbach
- Hatzenbach
- Hocheichen

Abb. 10: Einfahrt Hatzenbach, in Fahrtrichtung

Namensgebung

Hatzenbach: Ein Bach, der links neben der Strecke verläuft.

Hocheichen: Während der Bauzeit gab es an dieser Stelle mächtige Eichenwälder, die zum Teil abgeholzt werden mußten.(22)

Abb. 11: Hatzenbach, in Fahrtrichtung

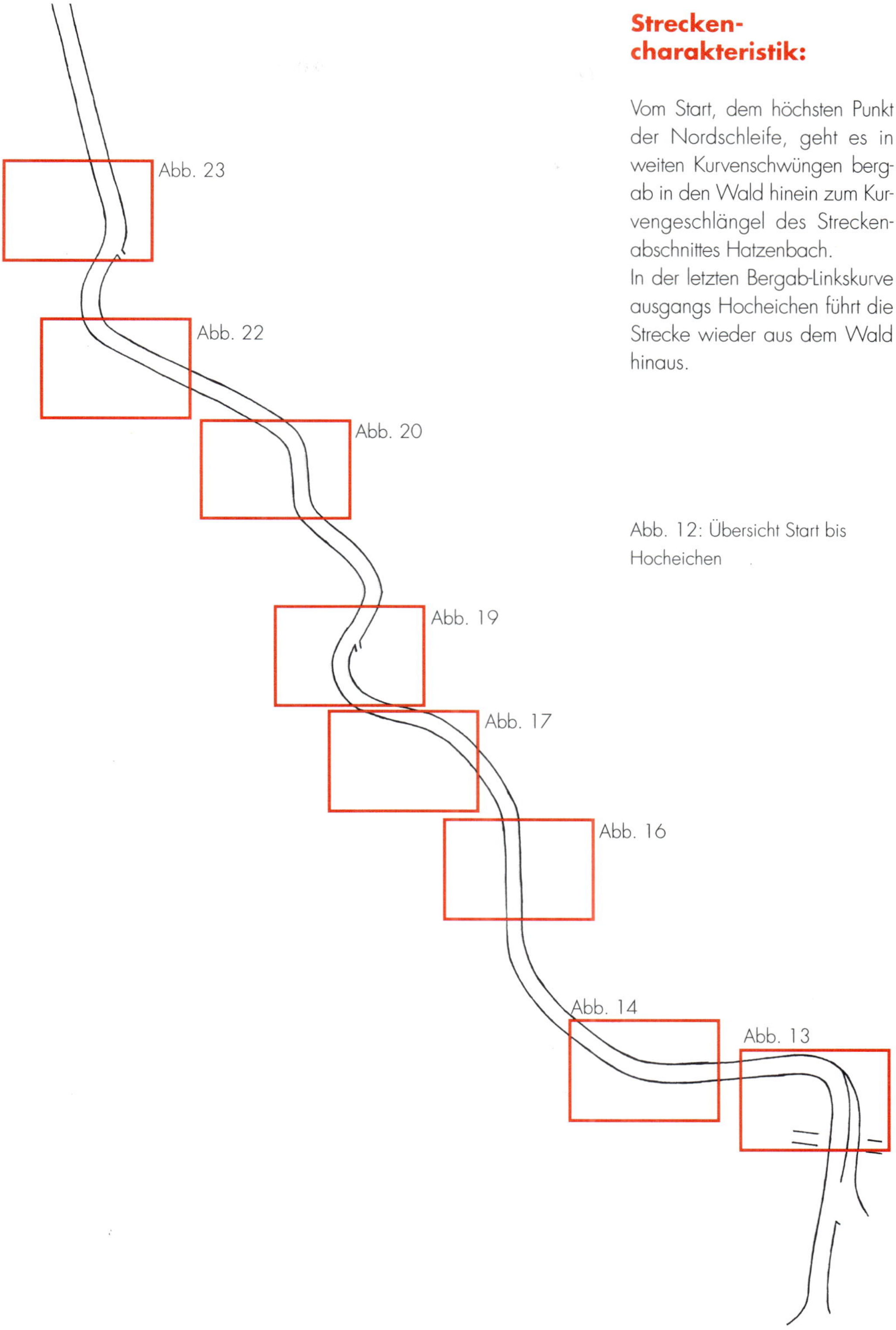

Strecken-charakteristik:

Vom Start, dem höchsten Punkt der Nordschleife, geht es in weiten Kurvenschwüngen bergab in den Wald hinein zum Kurvengeschlängel des Streckenabschnittes Hatzenbach.
In der letzten Bergab-Linkskurve ausgangs Hocheichen führt die Strecke wieder aus dem Wald hinaus.

Abb. 12: Übersicht Start bis Hocheichen

Start:

Die erste Linkskurve in weitem Bogen durchfahren. Geradeaus beschleunigend, in der Nähe des rechten Randes bleiben und weiter bergab auf die 1. der beiden Rechtskurven zu und diese schon im Hinblick auf die 2. Rechtskurve sehr rund anfahren.

Abb. 13

Abb. 14

Besonderheiten für Autofahrer:

Die erste Linkskurve weiter innen fahren. In der ersten der beiden Rechtskurven weiter mittig fahren, um vor der zweiten Rechtskurve außen zu sein und das Fahrzeug bereits gerade zu haben.

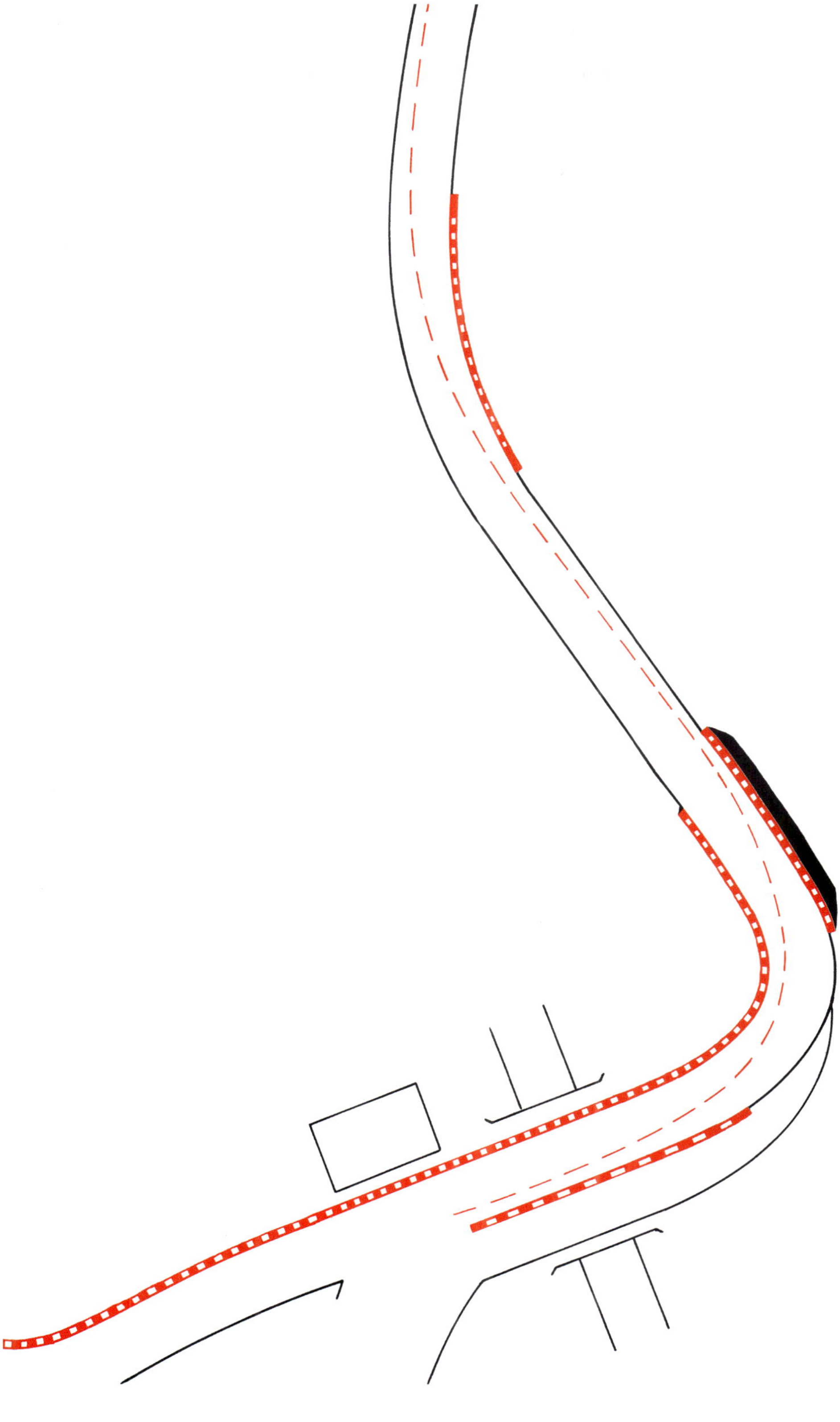

Anfahrt Hatzenbach:

Beide Rechtskurven möglichst in einem Radius durchfahren. Deshalb auf dem kleinen Zwischenstück nach der 1. Rechtskurve dicht an den gelben Farbpunkt heranfahren und erst dann die etwas engere 2. Rechtskurve nehmen.

Durch den folgenden Linksknick fast gerade hindurch. Für die stärkere Linkskurve dann etwa 30 m vor dem Halteverbotsschild (wo das Gras am Streckenrand abgefahren ist) vom rechten Streckenrand lösen und zum linken Abweiser ziehen. Unmittelbar danach eingangs Hatzenbach auf die Innenseite der Rechtskurve zielen.

Abb. 16

Abb. 17

Besonderheiten für Autofahrer:

Wenn das Auto vor dem Farbpunkt frühzeitig gerade ist und etwas vor dem Farbpunkt eingelenkt wird, drängt es nicht ganz so stark zum Kurvenausgang.

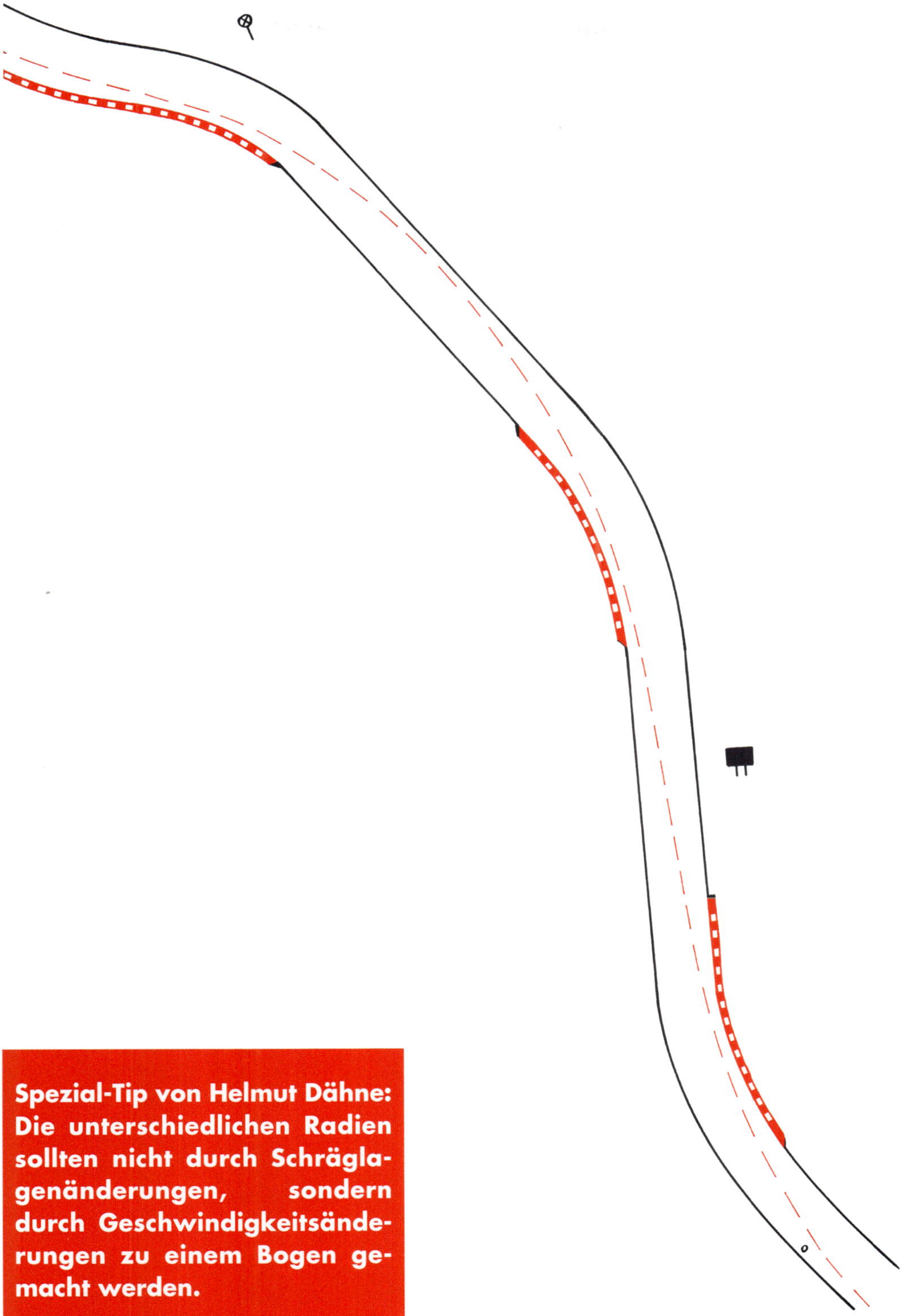

Spezial-Tip von Helmut Dähne: Die unterschiedlichen Radien sollten nicht durch Schräglagenänderungen, sondern durch Geschwindigkeitsänderungen zu einem Bogen gemacht werden.

Hatzenbach:

Ausgangs der ersten Rechtskurve dicht an den Rettungsweg heranfahren.
Für den gesamten Hatzenbach einen guten Rhythmus finden.
Für eine möglichst gerade Linie dicht an die Abweiser heranfahren (Farbmarkierungen beachten).
In der letzten Linkskurve (besonders rutschig bei Nässe) in weitem Bogen herausbeschleunigen, frühzeitig einen gedachten Punkt etwa 10 m vor dem grünen Schild „Hocheichen" anvisieren und diagonal über die Fahrbahn darauf zufahren. (Früher stand das grüne Schild exakt auf dieser Linie.)

Abb. 19

Abb. 20

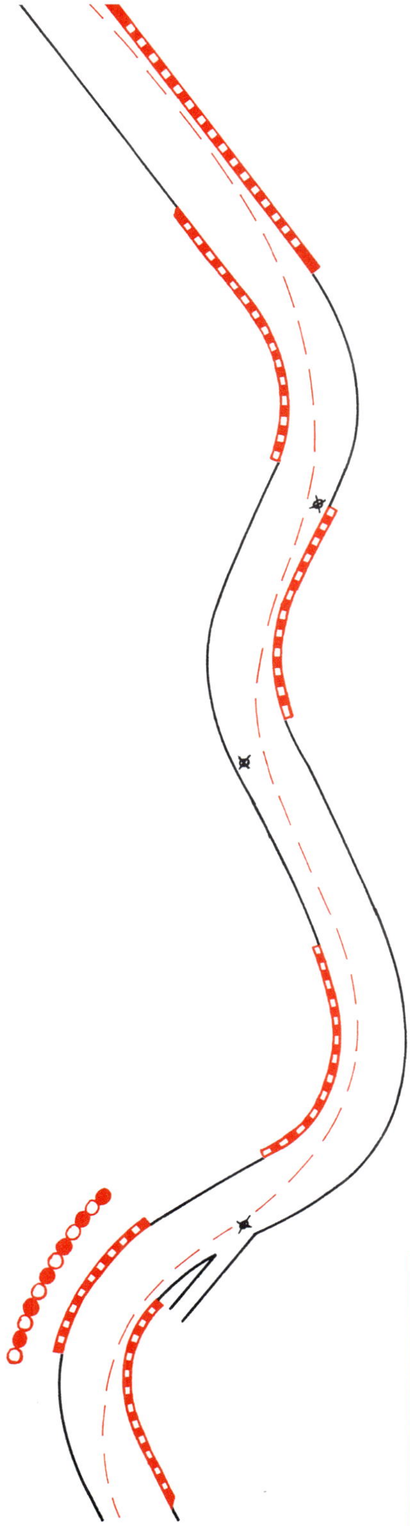

Spezial-Tip von Helmut Dähne: Achtung, die letzte Linkskurve ist die engste und wird oft unterschätzt. Stürze sind hier besonders häufig.

Hocheichen:

Bei der Farbmarkierung vor dem Schild „Hocheichen" in die anschließende Rechtskurve einschwenken, dann in weitem Bogen in die stark abschüssige und überhöhte Linkskurve ausgangs Hocheichen.

Abb. 22

Abb. 23

Besonderheiten für Autofahrer:

Sehr schnelle Fahrer können in der Rechtskurve mit den beiden rechten Rädern über die Rubbelsteine fahren, damit der Wagen für die Bergab-Linkskurve möglichst gerade steht. Auch hier vorsichtig mit der Beschleunigung. Das Auto kann im Ausgang der abfallenden Linkskurve stark übersteuern, da sich in diesem Bereich die Fahrbahnneigung wieder normalisiert.

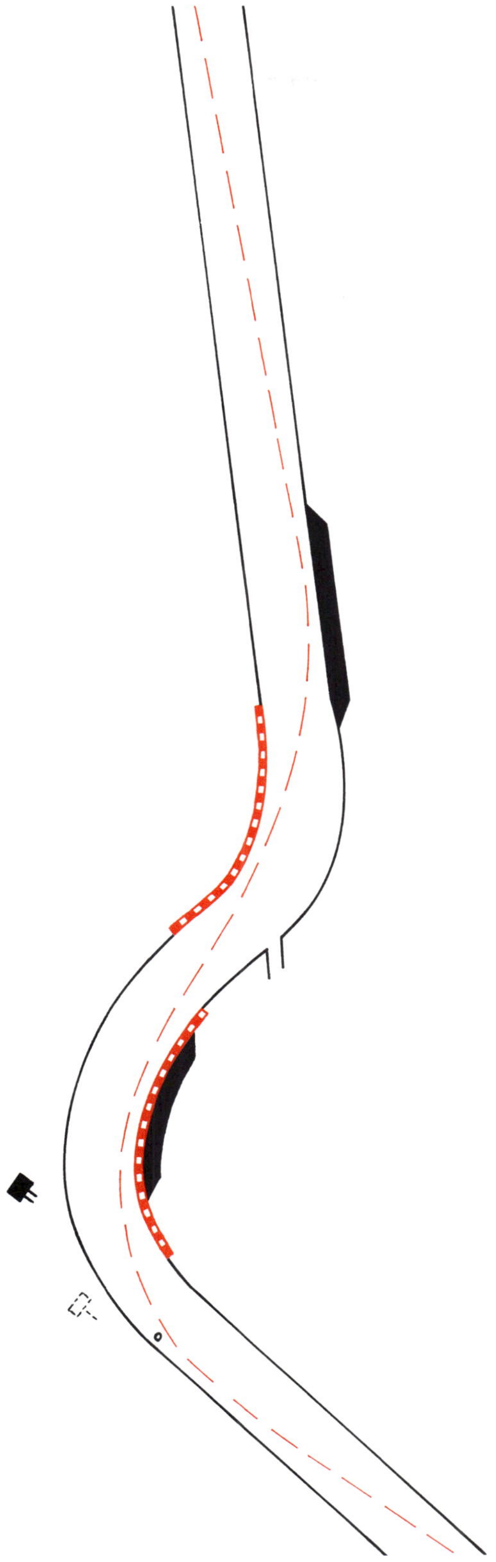

Spezial-Tip von Helmut Dähne: Ausgangs Hocheichen erst dann mit der vollen Beschleunigung beginnen, wenn der Scheitelpunkt passiert wurde und das Motorrad sich bereits in der Kompression befindet.

ÜBERSICHT QUIDDELBACHER HÖHE UND FLUGPLATZ

Umfaßt die Zeichnungen

- Quiddelbacher Höhe I
- Quiddelbacher Höhe II/ Flugplatz I
- Flugplatz II/Anfahrt Schwedenkreuz

Namensgebung

Quiddelbacher Höhe: Eine Anhöhe in unmittelbarer Nähe der Ortschaft Quiddelbach.
Flugplatz: Ein ehemaliges Segelfluggelände links neben der Rennstrecke.

Abb. 25: Ausgang Hocheichen/ Quiddelbacher Höhe, in Fahrtrichtung

Abb. 26: Flugplatz, in Fahrtrichtung

Strecken-charakteristik:

Abgesehen von einem leichten Rechtsknick nach der Brücke über die Bundesstraße 257 geht es zunächst geradeaus zur großen Kuppe der Quiddelbacher Höhe. Nach dieser Steigung von 17 Prozent folgt unmittelbar die Doppel-Rechtskurve des Streckenabschnitts Flugplatz.
Die Kurvenradien werden nun weiter.

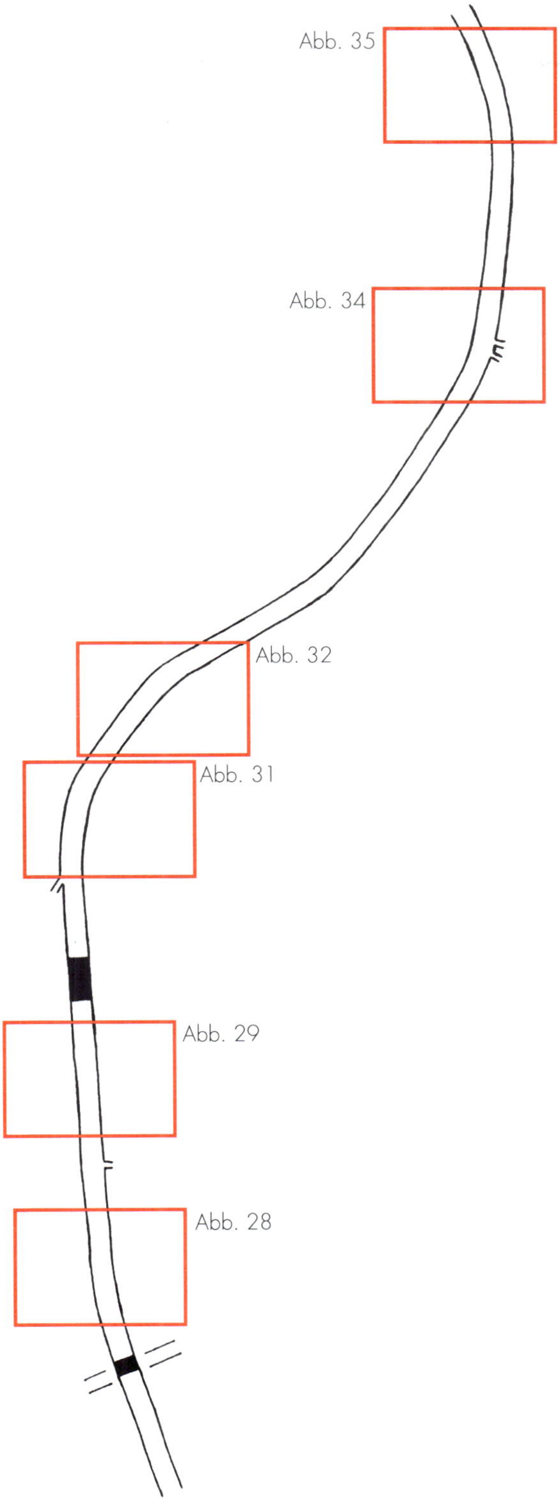

Abb. 27: Übersicht Quiddelbacher Höhe und Flugplatz

Quiddelbacher Höhe I:

In weitem Bogen über die Brücke (2 leichte Kuppen) und den anschließenden leichten Rechtsknick wählen, dann links halten für die große Kuppe nach dem aufgemalten „EDS".

Abb. 28

Abb. 29

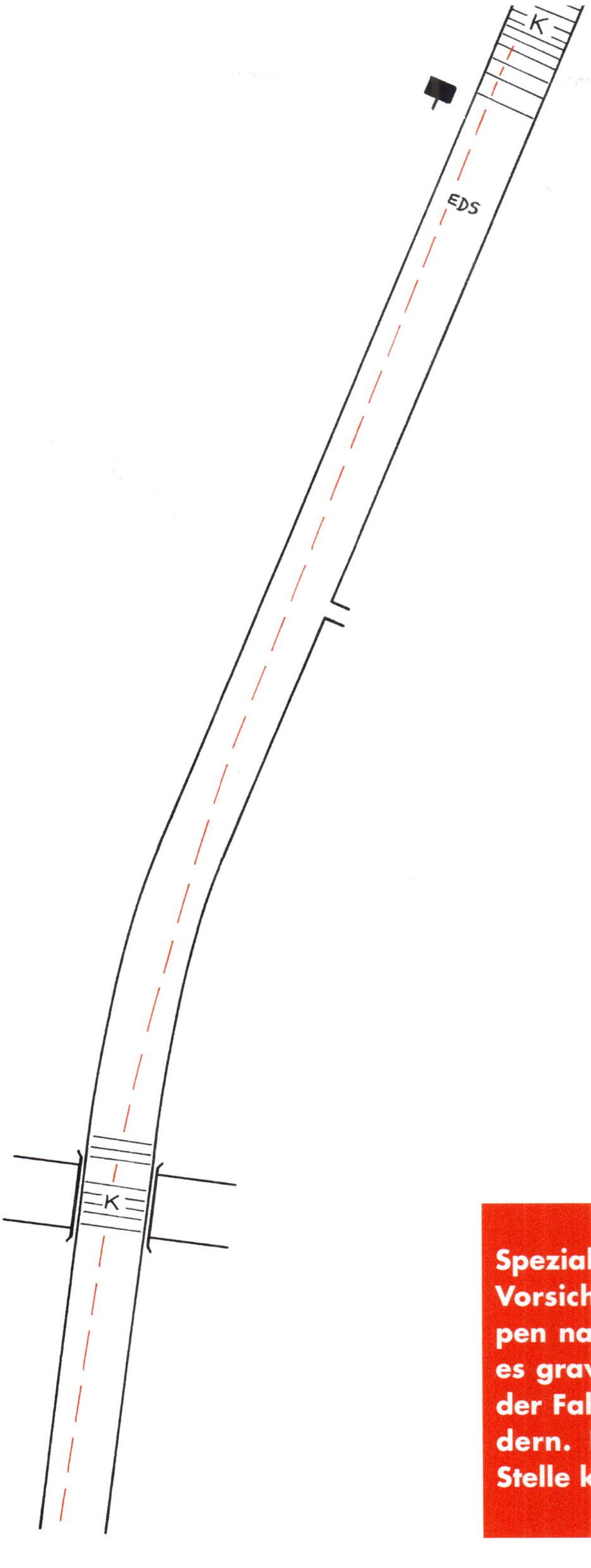

Spezial-Tip von Helmut Dähne: Vorsicht auf den beiden Kuppen nach der Brücke. Hier gibt es gravierende Unterschiede in der Fahrstabilität von Motorrädern. Ruhig bleibt an dieser Stelle kein Motorrad.

Quiddelbacher Höhe II/ Flugplatz I:

Kurz vor dem Rettungsweg (Farbmarkierung) ablösen und die beiden aufeinanderfolgenden Rechtskurven durch dichtes Heranfahren an die beiden Abweiser in einem Radius nehmen.

Abb. 31

Abb. 32

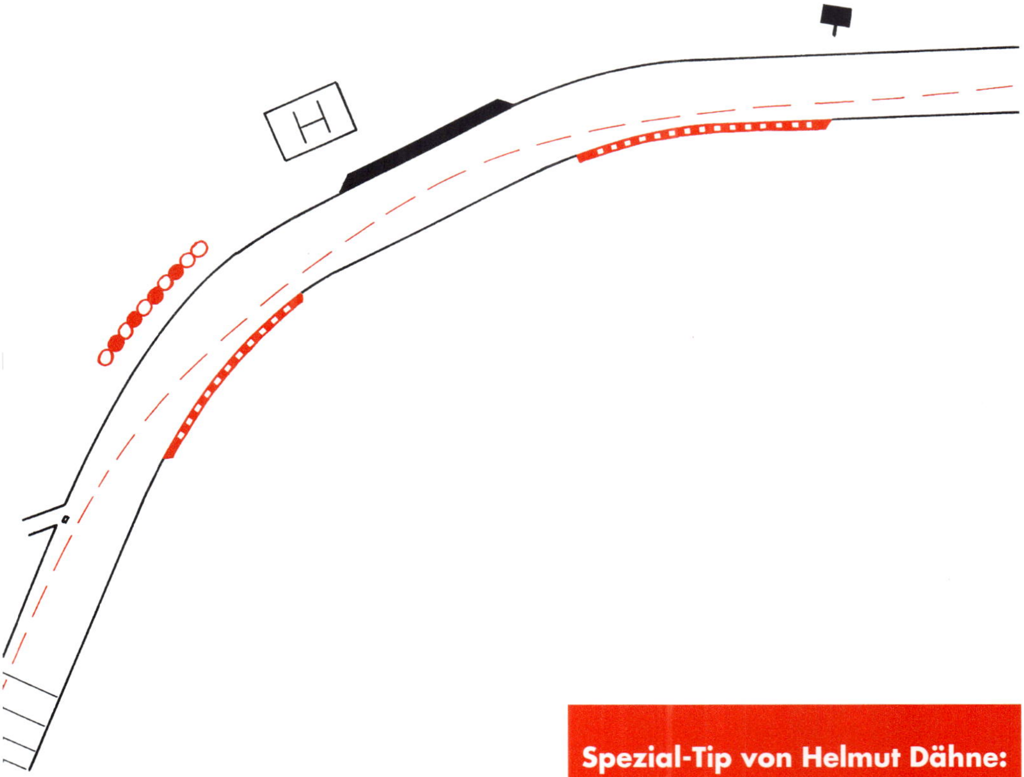

Spezial-Tip von Helmut Dähne: Auf Höhe der Rubbelsteine maximal 1 Meter links der Straßenmitte herauskommen, um den Bogen konstant bis zum rechten Randstein fortzusetzen.

Flugplatz II/Anfahrt Schwedenkreuz:

Die Kurvenradien werden nun bis zum Schwedenkreuz weiter. Alle Linksbögen bis zum Ende des grauen Abweisers möglichst in einem Radius durchfahren.

Abb. 34

Abb. 35

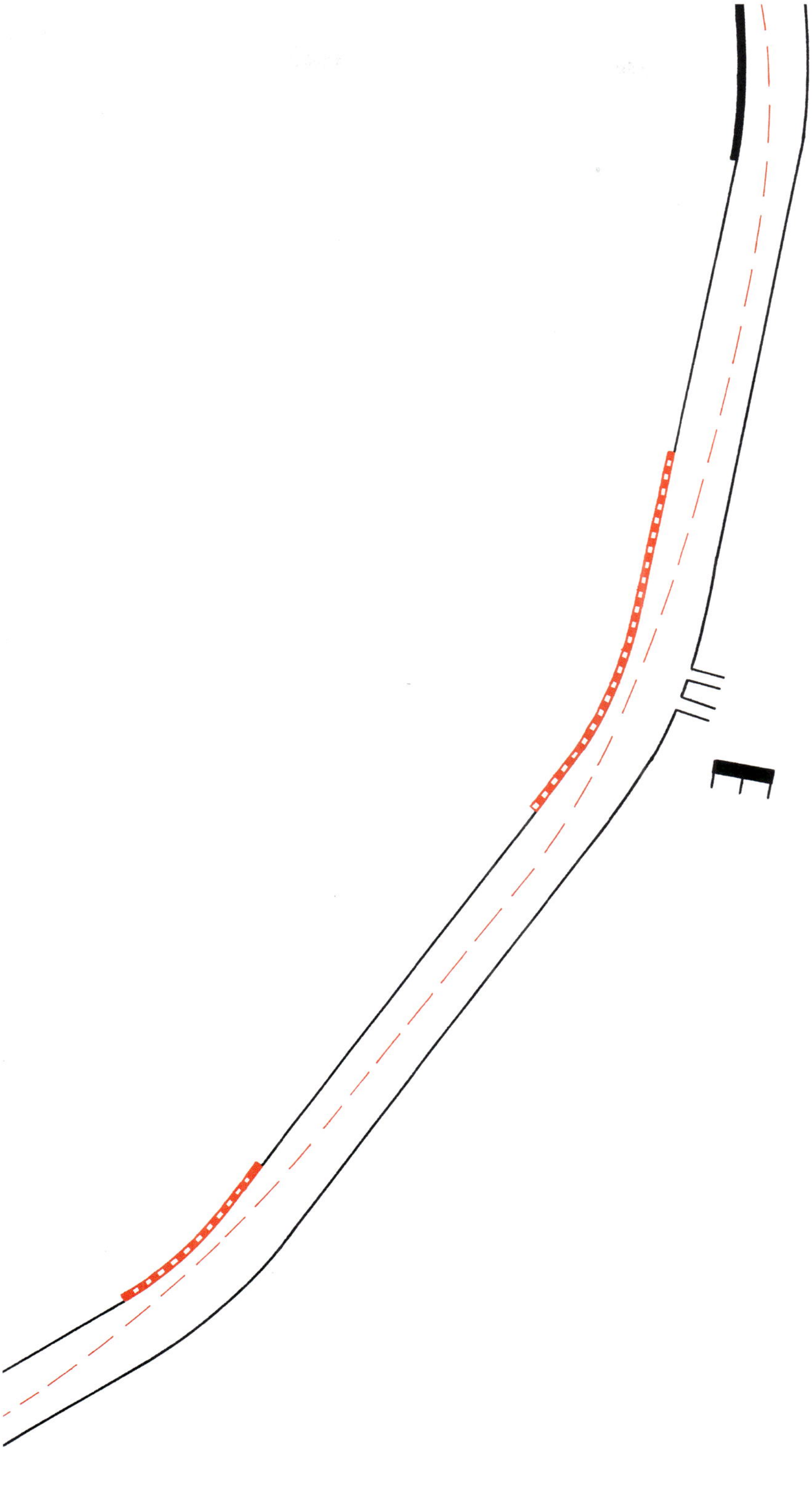

Umfaßt die Zeichnungen

- Schwedenkreuz
- Arembergkurve/ Anfahrt Fuchsröhre
- Fuchsröhre

Namensgebung

Schwedenkreuz: Altes Wegkreuz von 1638. Der Begriff stammt aus dem Dreißigjährigen Krieg, hat jedoch nichts mit den schwedischen Truppen zu tun, die sich regulär nur bis 1634 in der Eifel aufhielten. Das direkt neben der Strecke stehende Steinkreuz erinnert an den Mord an einem Steuereinnehmer, möglicherweise von versprengten schwedischen Soldaten begangen. Das Kreuz ist vor etwa 100 Jahren umgestürzt und in mehrere Stücke zerbrochen, die sodann mit eisernen Klammern gebunden wurden.

Arembergkurve: Nach dem nordwestlich gelegenen Arem-Berg und der Ortschaft Aremberg.
Fuchsröhre: Bauarbeiter nannten diesen Streckenabschnitt so, weil sich 1927 während der Bauarbeiten für längere Zeit ein Fuchs in einer der Kanalisationsröhren verkrochen hatte. (23)

Abb. 37: Anfahrt Schwedenkreuz, gegen Fahrtrichtung

Abb. 38: Einfahrt Fuchsröhre, in Fahrtrichtung

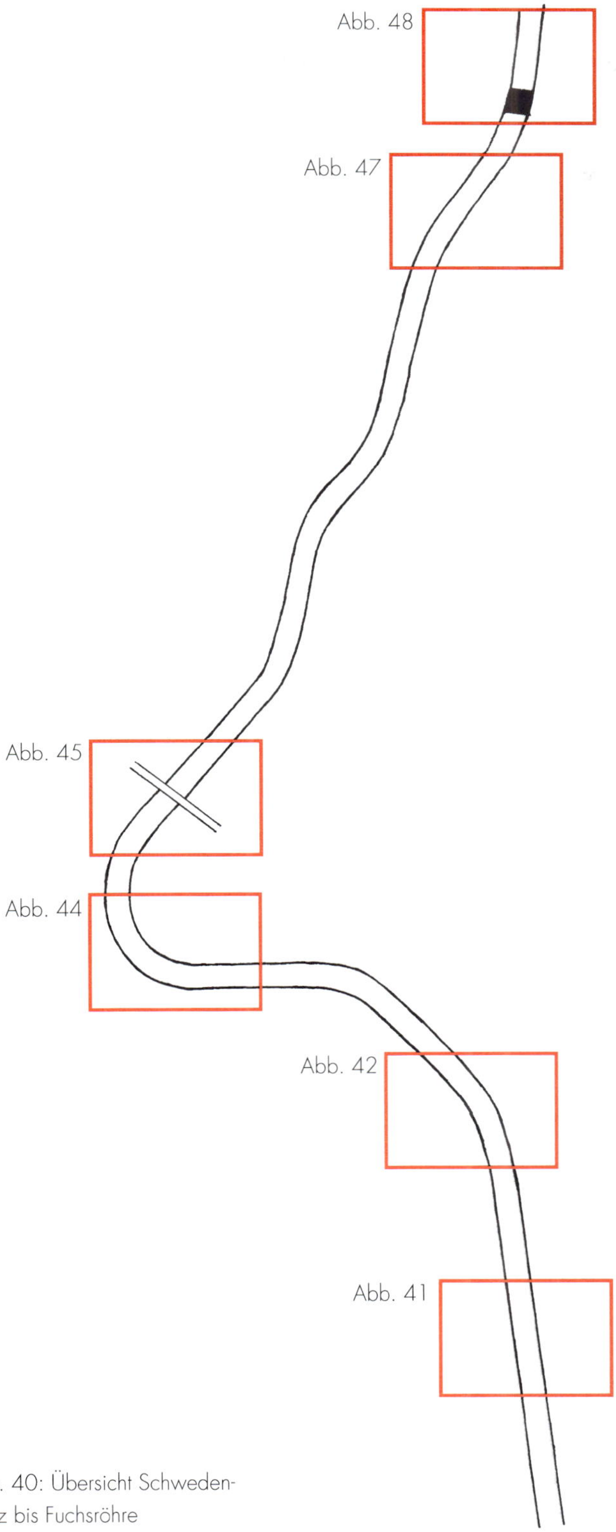

Abb. 40: Übersicht Schwedenkreuz bis Fuchsröhre

Streckencharakteristik:

In gerader Linie geht es durch eine Senke auf die Kuppe vor dem Schwedenkreuz zu und links am Wald entlang zur Arembergkurve. Hier führt die Strecke unter der „Poststraßenbrücke" hindurch und nun stetig bergab durch die Schlängelkurven der Fuchsröhre bis zu ihrem tiefsten Punkt, um sofort wieder anzusteigen.

Abb. 39: Das Schwedenkreuz

Schwedenkreuz:

Bei hoher Geschwindigkeit wird die Senke spürbar, die für kurze Zeit den Blick auf das Schwedenkreuz verwehrt.
Aus der Senke heraus über die leichte Kuppe und frühzeitig zur rechten Fahrbahnseite herüber und ablösen kurz vor der weißen Markierung beim grünen Schild „Schwedenkreuz". In der Linkskurve nicht nach rechts hinaustragen lassen, da die nachfolgende Arembergkurve von äußerst links angefahren wird.

Abb. 41

Abb. 42

Besonderheiten für Autofahrer:

Die Kuppe weit rechts überfahren, um das Auto möglichst ruhig zu halten.
Im Schwedenkreuz selbst äußerst links bleiben.

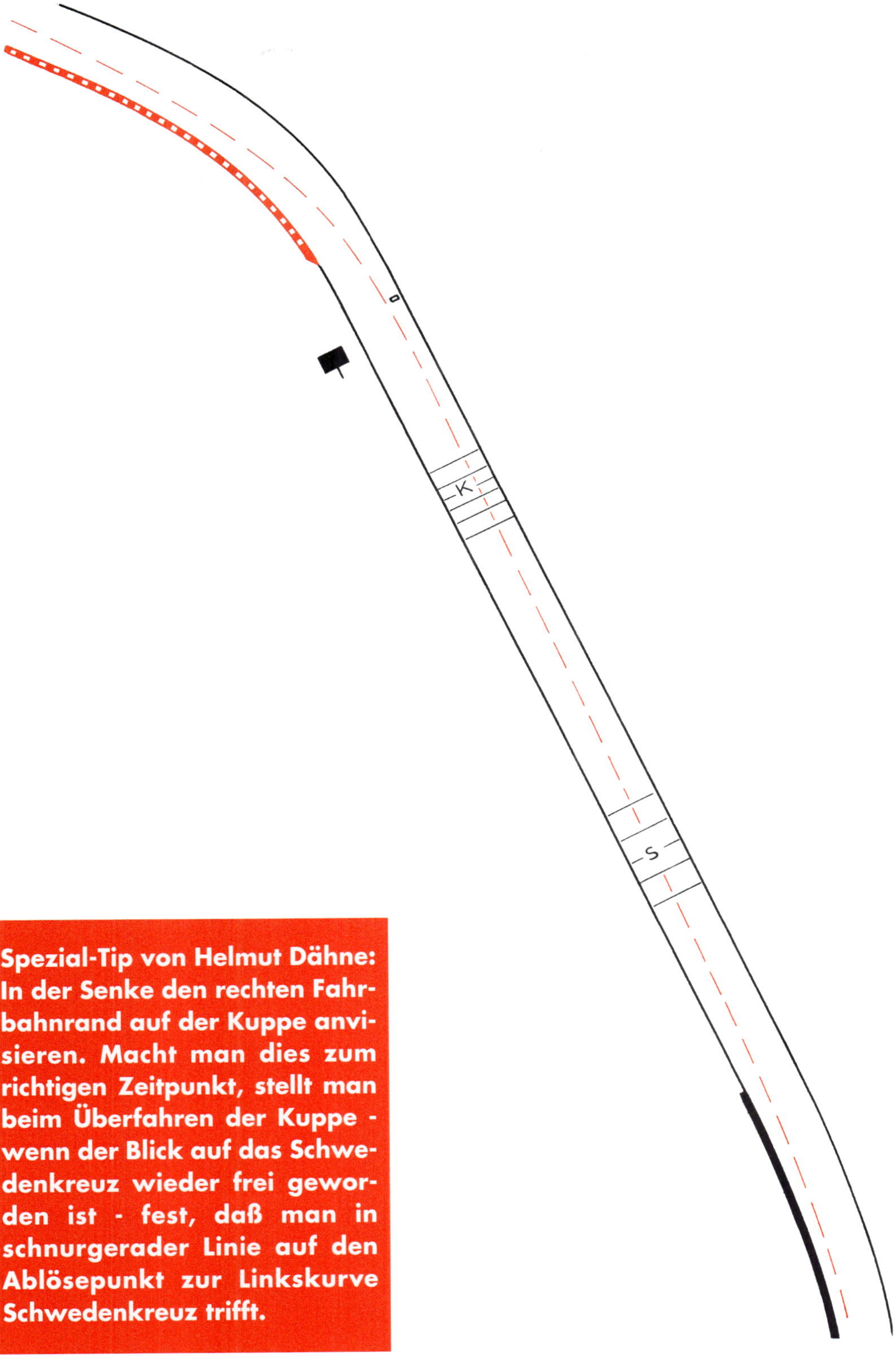

Spezial-Tip von Helmut Dähne: In der Senke den rechten Fahrbahnrand auf der Kuppe anvisieren. Macht man dies zum richtigen Zeitpunkt, stellt man beim Überfahren der Kuppe - wenn der Blick auf das Schwedenkreuz wieder frei geworden ist - fest, daß man in schnurgerader Linie auf den Ablösepunkt zur Linkskurve Schwedenkreuz trifft.

Arembergkurve/ Anfahrt Fuchsröhre:

Spät einschwenken, beim Herausbeschleunigen auf die Rubbelsteine zutreiben lassen (Achtung, Brückenpfeiler!) und gleich hinter der Brücke in Richtung Holzhütte zur rechten Fahrbahnseite wechseln.

Abb. 44

Abb. 45

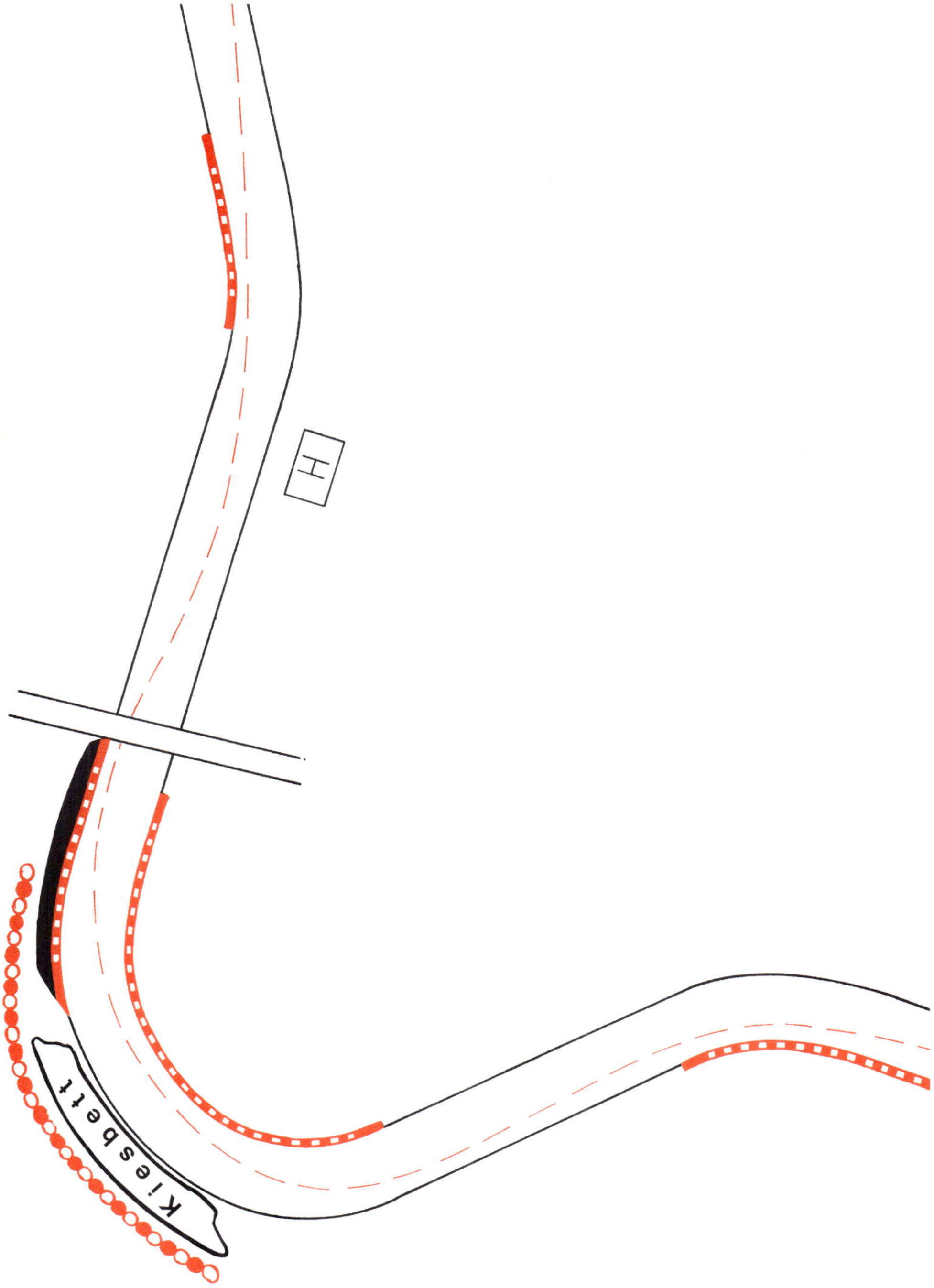
H
Kiesbett

Fuchsröhre:

Möglichst dicht an die Abweiser heran und fast wie am Lineal durch das Kurvengeschlängel.
Die letzte Linkskurve ist der tiefste Punkt der Fuchsröhre, hier ebenfalls dicht an den linken Abweiser heran (in der Senke Blickkontakt zur Strecke nicht verlieren!). Nun nach rechts hinaustragen lassen, die Steigung unterstützt den Abbau des Tempos.

Abb. 47

Abb. 48

Besonderheiten für Autofahrer:

Die Senke so durchfahren, daß in ihr keine Lenkbewegung mehr erforderlich ist, weil das Auto sonst sehr instabil wird. Dafür ist es erforderlich, dem Bogen der vorhergehenden Rechtskurve etwas zu folgen, damit das Auto gerader in die Senke kommt.

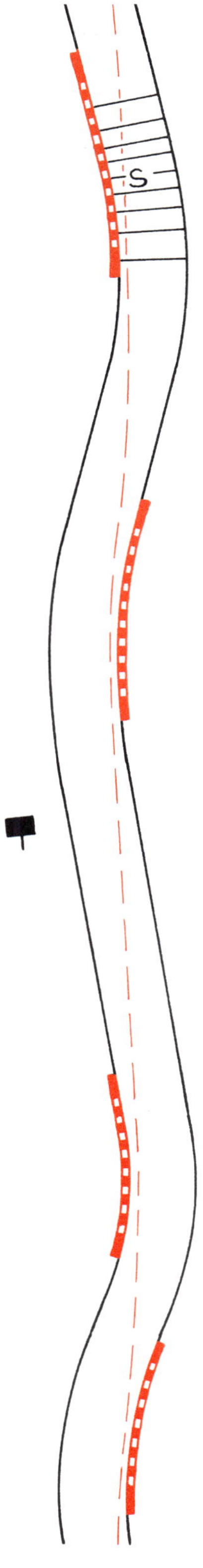

Spezial-Tip von Helmut Dähne: Den Kurvenradius in der Senke möglichst groß wählen, so daß man automatisch zum rechten Fahrbahnrand gelangt.

Umfaßt die Zeichnungen
- Adenauer Forst
- Metzgesfeld I
- Metzgesfeld II/Kallenhard

Namensgebung

Adenauer Forst: Ein Waldgebiet nahe der Stadt Adenau.
Metzgesfeld: Die Strecke durchquert hier ein größeres Feld mit diesem Namen. Ursprung und genaue Bedeutung dieser mindestens 200 Jahre alten Flurbezeichnung sind jedoch unbekannt. In einer Karte von etwa 1860 ist noch die Flurbezeichnung „Mertgendsfeld" eingetragen und es könnte sich daher um ein Feld aus dem Besitz einer Familie Mertgends handeln. Später wurde der Name der Flurbezeichnung vereinfacht und in „Metzgesfeld" umgeändert.
Kallenhard: Es gibt in der Nähe eine ganze Reihe von Flurbezeichnungen mit der Endung -hard oder -hardt. Diese weisen auf einen Bergwald oder auf ein hochgelegenes Buschwald- oder Heckenwaldstück hin. Dieser Hard verdankt seinen Namen dem in der Nähe fließenden Kallenbach.

Abb. 50: Ausgang Adenauer Forst, in Fahrtrichtung

Abb. 51: Metzgesfeld, gegen Fahrtrichtung

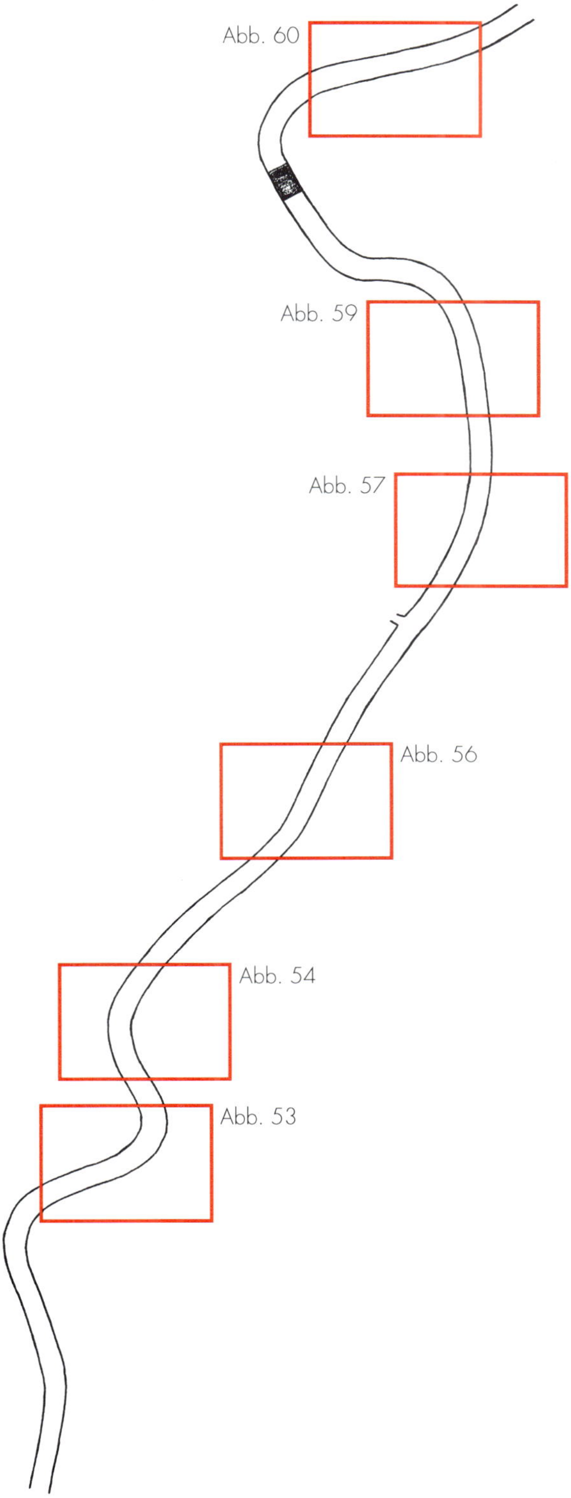

Strecken-charakteristik:

Die Steigung nach der Fuchsröhre hält - zwar abgeschwächt - noch bis in den Adenauer Forst an. Hier führt die Strecke wieder aus dem Wald hinaus und in schnellen Kurven zum Streckenabschnitt Metzgesfeld. Die Kurvenradien werden nun enger, es geht wieder bergab und in den Wald hinein zu der schwierigen Rechtskurve von Kallenhard.

Abb. 52: Übersicht Adenauer Forst bis Kallenhard

Adenauer Forst:

Von rechts in die Linkskurve eingangs Adenauer Forst einschwenken und danach nicht zu weit nach rechts hinaustragen lassen (schwierig bei hohem Tempo), um die nun folgende Rechtskurve von links anzufahren. Möglichst weich hindurchfahren und in der letzten Linkskurve entgegen dem Gefühl lange rechts bleiben (blaue Farbmarkierung an Leitplanke). Dabei schon voraus auf den Beginn der anschließenden Rechtskurve schauen; nun öffnet sich die Straße.
Ausgangs der Rechtskurve beim Beschleunigen auf die Rubbelsteine zutreiben lassen.

Abb. 53

Abb. 54

Besonderheiten für Autofahrer:
In der ersten Eingangs-Linkskurve weit innen sein und mit beiden linken Rädern den Abweiser überfahren.

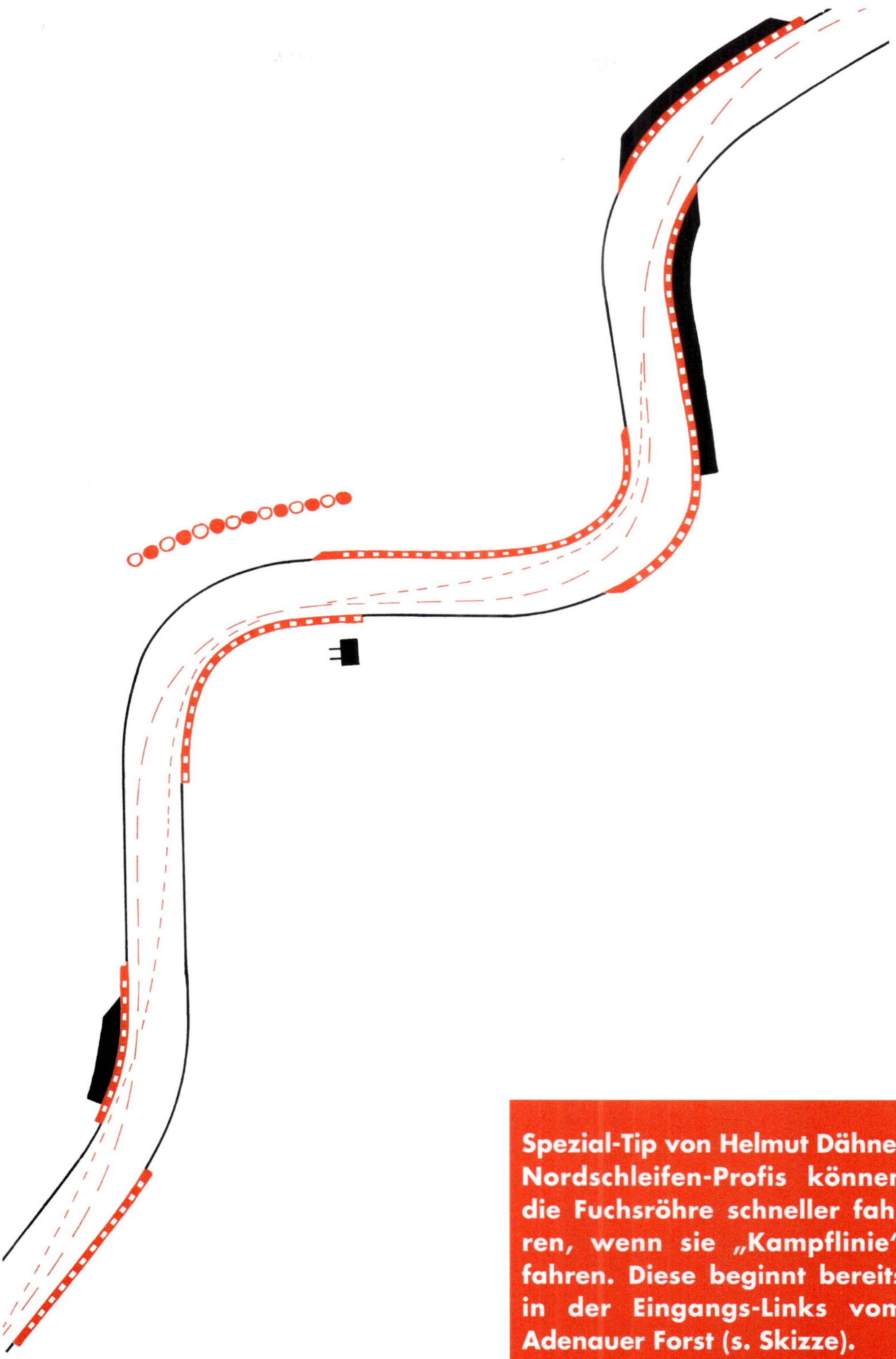

Spezial-Tip von Helmut Dähne: Nordschleifen-Profis können die Fuchsröhre schneller fahren, wenn sie „Kampflinie" fahren. Diese beginnt bereits in der Eingangs-Links vom Adenauer Forst (s. Skizze).

Metzgesfeld I:

Gleich nach der letzten Rechtskurve des Adenauer Forstes zur Fahrbahnmitte wechseln und möglichst gerade an den Abweisern vorbei.

Abb. 56

Abb. 57

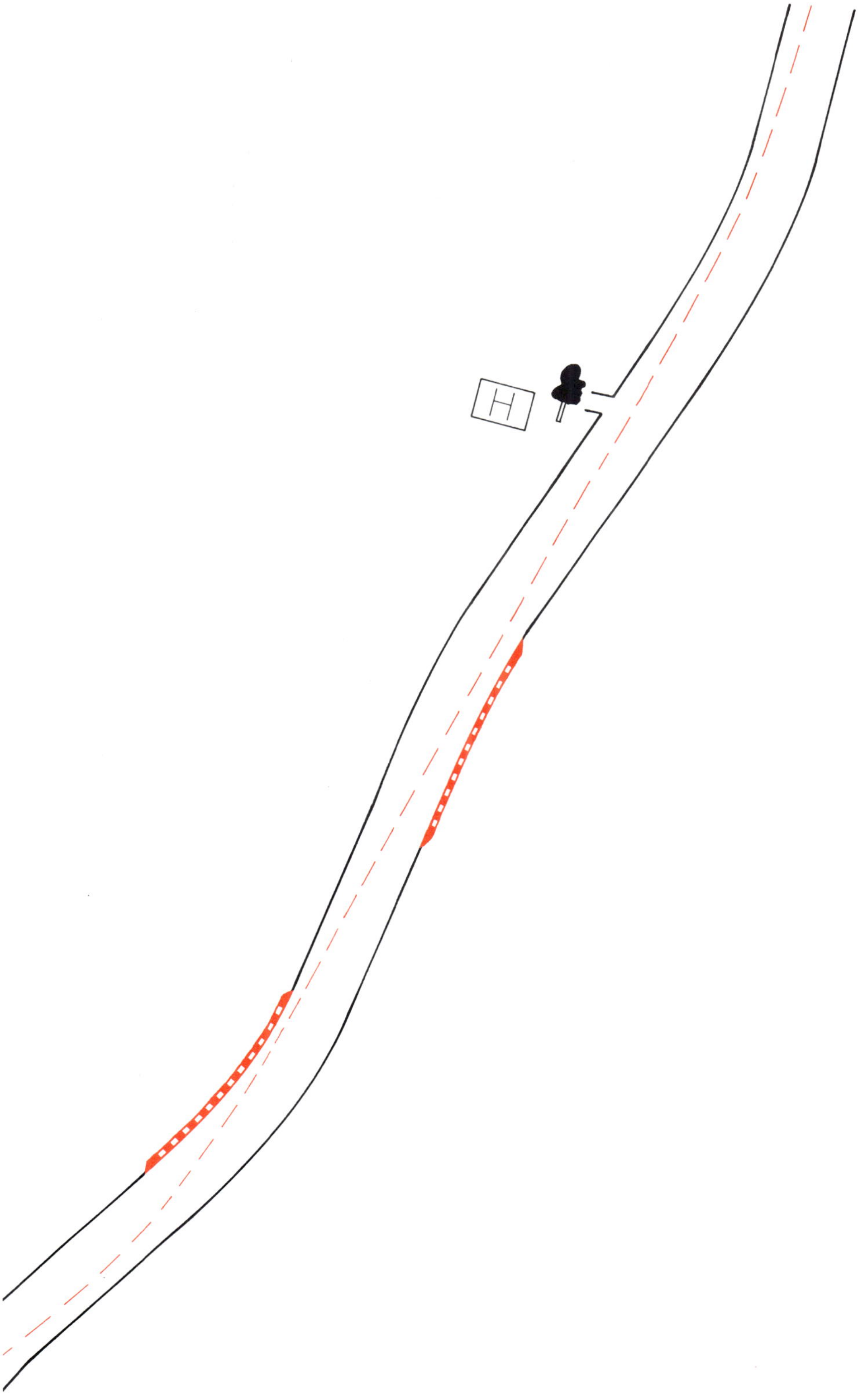

Metzgesfeld II/ Kallenhard:

Die große Linkskurve von Metzgesfeld von weit rechts anfahren, aber nicht zu spät, da die Linie auch für die anschließende Rechtskurve passen muß. Nun bergab auf Kallenhard zu, nach äußerst links und spät bei der Farbmarkierung ablösen. Die Kurve fällt etwas nach außen ab und zieht sich leicht zu. Beim Herausbeschleunigen auf die Rubbelsteine zutreiben lassen und gleich danach die Fahrbahnseite wechseln.

Abb. 59

Abb. 60

Besonderheiten für Autofahrer:

Beim Anbremsen der großen Linkskurve von Metzgesfeld nicht ganz so dicht an den rechten Streckenrand heranfahren. Wenn das Auto hier beim Bremsen unruhig wird, könnte es auf den Rasen geraten.

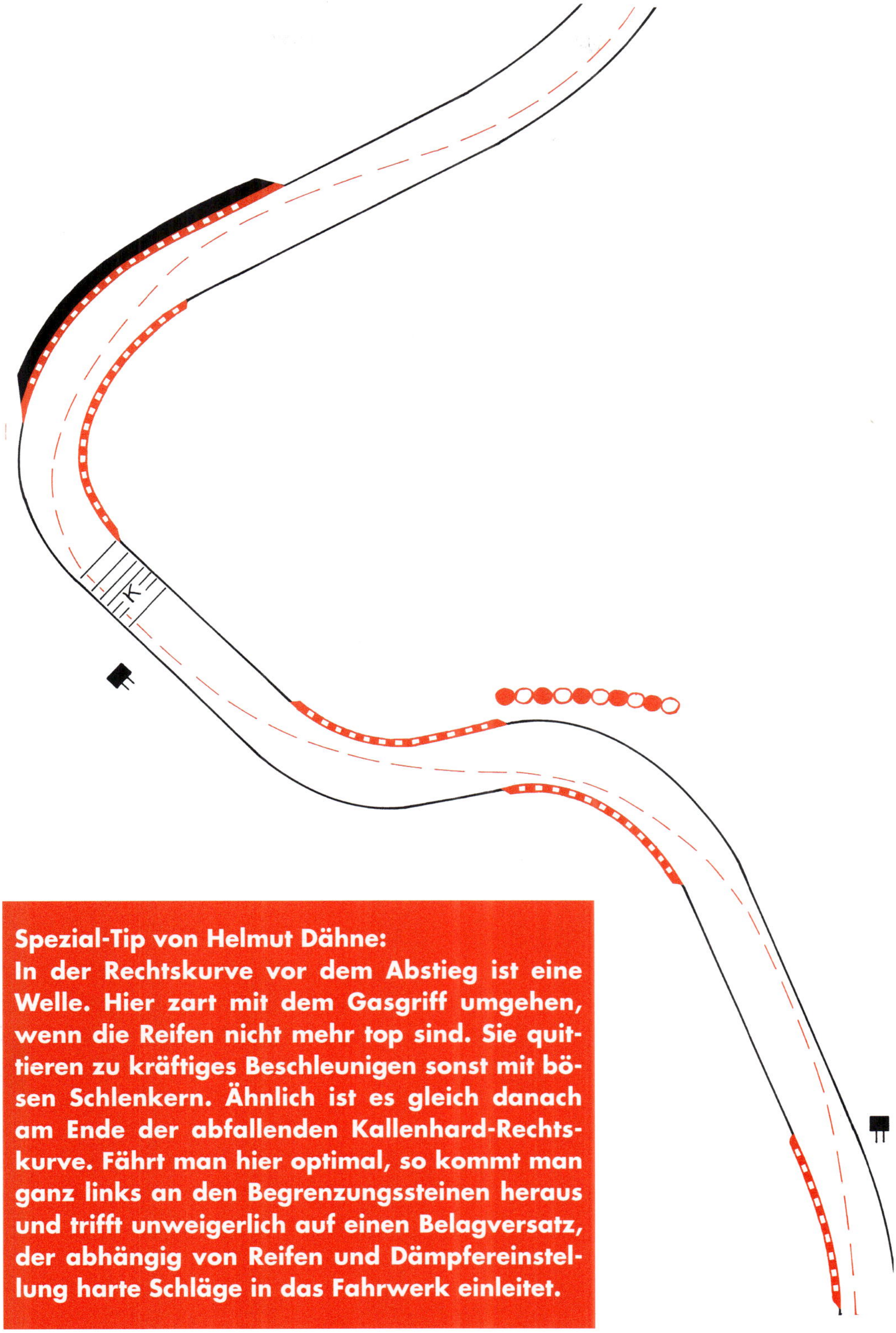

Spezial-Tip von Helmut Dähne:
In der Rechtskurve vor dem Abstieg ist eine Welle. Hier zart mit dem Gasgriff umgehen, wenn die Reifen nicht mehr top sind. Sie quittieren zu kräftiges Beschleunigen sonst mit bösen Schlenkern. Ähnlich ist es gleich danach am Ende der abfallenden Kallenhard-Rechtskurve. Fährt man hier optimal, so kommt man ganz links an den Begrenzungssteinen heraus und trifft unweigerlich auf einen Belagversatz, der abhängig von Reifen und Dämpfereinstellung harte Schläge in das Fahrwerk einleitet.

Umfaßt die Zeichnungen

- Abfahrt zum Wehrseifen
- Wehrseifen

Namensgebung

Wehr kommt von verteidigen, befestigen, wehren und ein Seifen ist ein enger, feuchter Taleinschnitt. Der Wehrseifen stellte früher eine Art Grenze zwischen den Herrschern von Adenau und denen von Breidscheid dar und tatsächlich stand dort früher ein Grenzstein.

Abb. 62: Wehrseifen, gegen Fahrtrichtung

Abb. 63: Wehrseifen, in Fahrtrichtung

Strecken-charakteristik:

In einer Folge schneller Rechtskurven führt die Strecke am Berghang entlang stetig bergab zur engen Wehrseifen-Linkskurve.

Abb. 64: Übersicht Wehrseifen

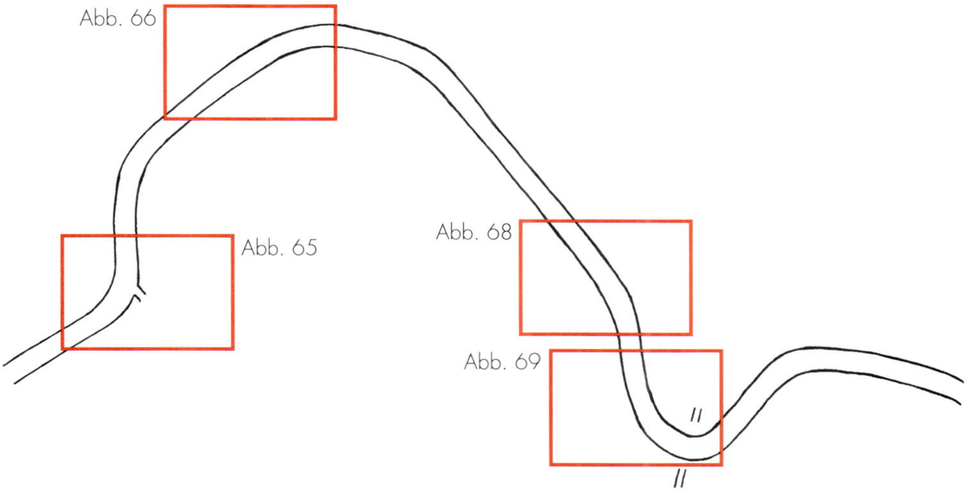

Abfahrt zum Wehrseifen:

Abb. 65

Abb. 66

Die Links-Rechts-Kombination erst von rechts anfahren (Farbmarkierung) und an den Abweisern entlang möglichst gerade hindurch.

Schon bei den Rubbelsteinen den über die Leitplanke hängenden Busch anvisieren (Achtung: dieser kann auch beschnitten und damit nicht sichtbar sein!), da der weiße Farbpunkt durch die abfallende Strecke erst später erkennbar wird. Entgegen dem Gefühl dicht an den Farbpunkt heranfahren, nun öffnet sich die anschließende Dreifach-Rechts-Kombination.

Besonderheiten für Autofahrer:

Vorsicht in der ersten Links-Rechts-Kombination: Gerät man in der Linkskurve auf den Abweiser, ist die Wahrscheinlichkeit hoch, daß dies auch in der Rechtskurve passiert. Dadurch kommt das Auto bei den Rubbelsteinen zu weit links heraus.

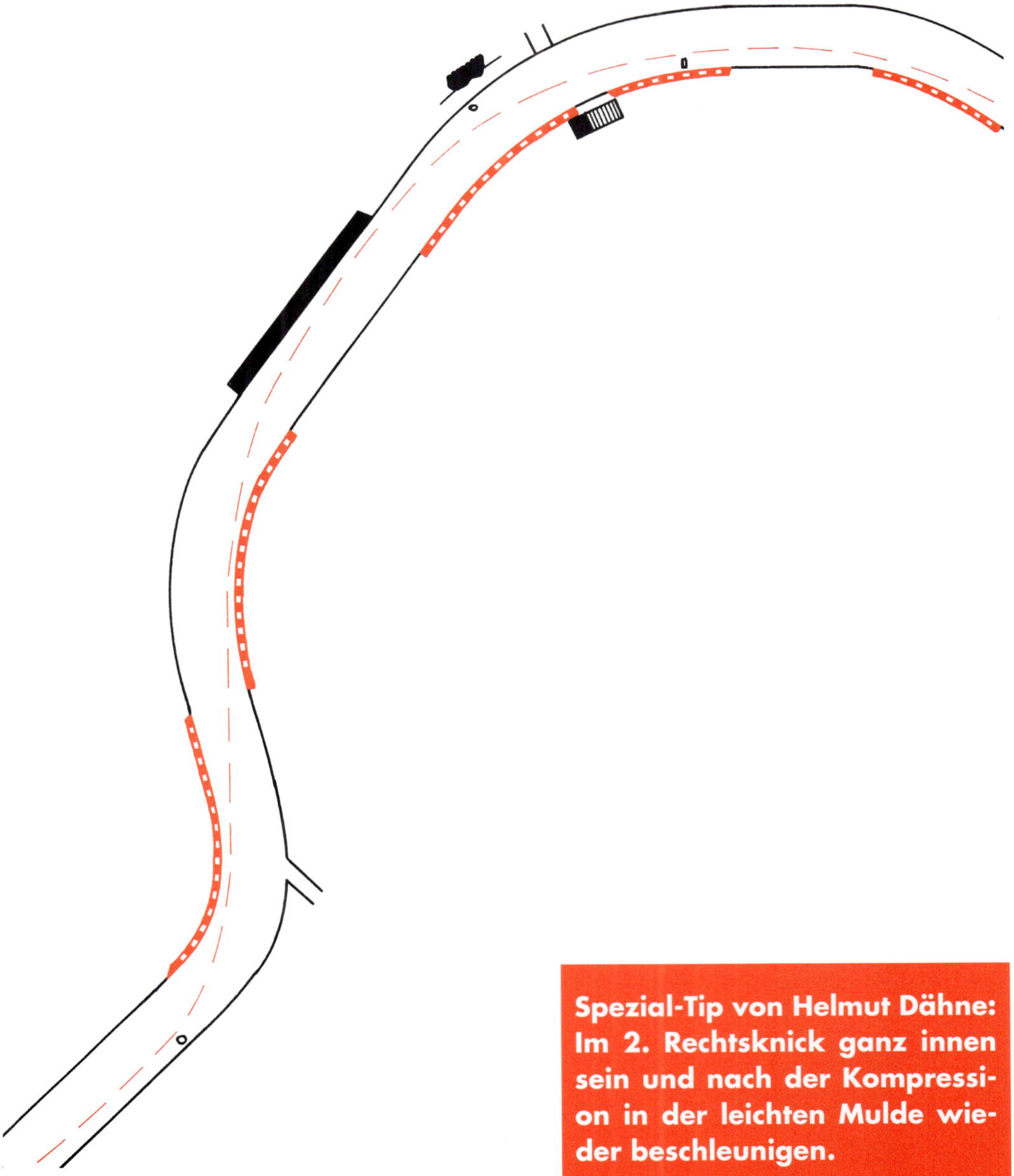

Spezial-Tip von Helmut Dähne: Im 2. Rechtsknick ganz innen sein und nach der Kompression in der leichten Mulde wieder beschleunigen.

Wehrseifen:

Durch den Schwung ausgangs der vorhergehenden Dreifach-Rechts-Kurve ohnehin links, paßt so auch die Einfahrt in die Rechtskurve eingangs Wehrseifen. Noch in Schräglage bremsend, spät (Farbmarkierung) in die korkenzieherartige Linkskurve einschwenken.

Abb. 68

Abb. 69

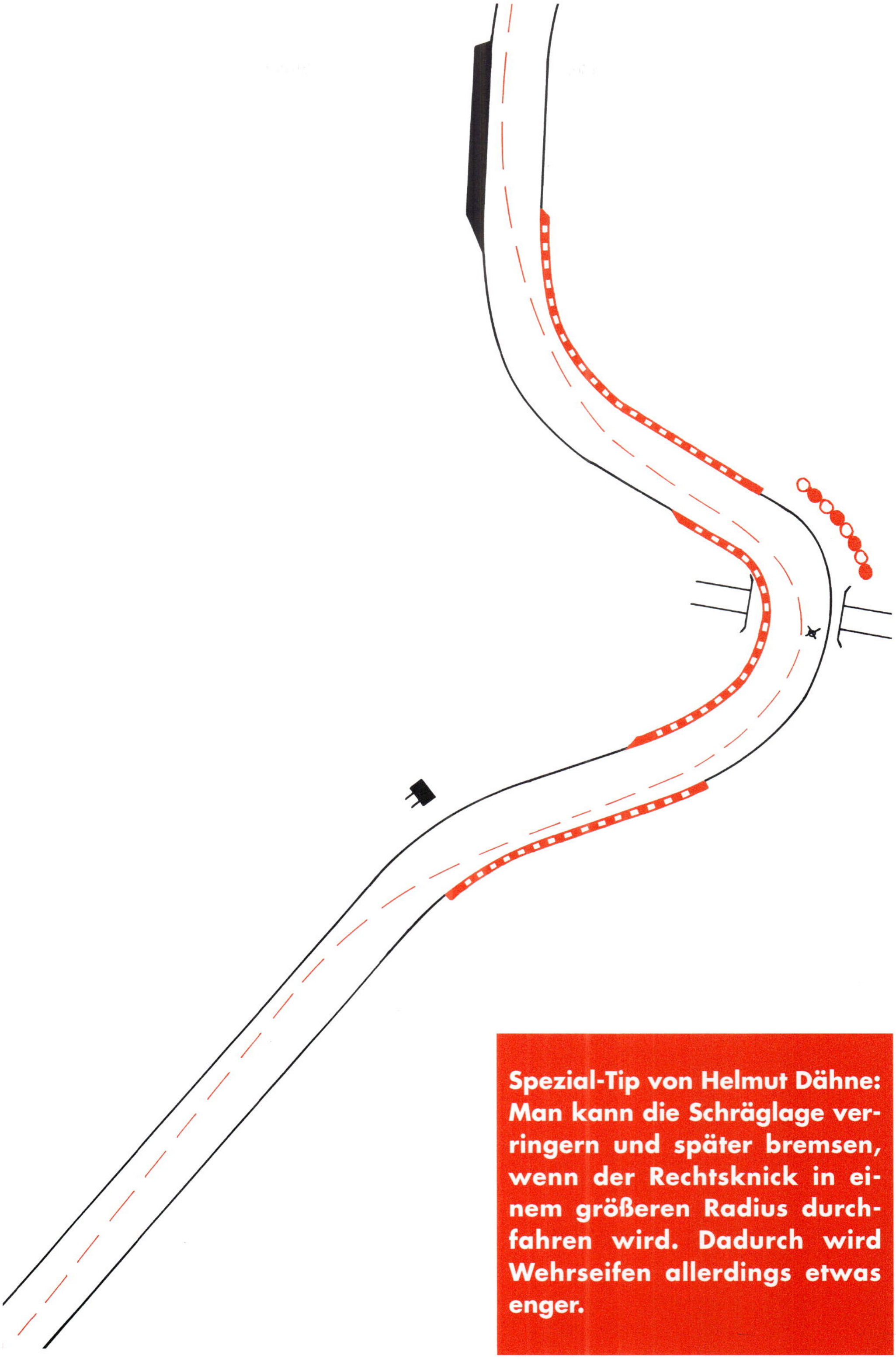

Spezial-Tip von Helmut Dähne: Man kann die Schräglage verringern und später bremsen, wenn der Rechtsknick in einem größeren Radius durchfahren wird. Dadurch wird Wehrseifen allerdings etwas enger.

Umfaßt die Zeichnungen

- Breidscheid/Exmühle
- Ausgang Exmühle/ Anfahrt Bergwerk
- Bergwerk/Kesselchen I (teilweise)

Abb. 71: Breidscheid, gegen Fahrtrichtung

Abb. 72: Exmühle, in Fahrtrichtung

Namensgebung

Breidscheid: Nach der gleichnamigen Ortschaft.
Exmühle: Wasserlauf einer früheren Mühle. Ursprünglich wollten die Erbauer der Rennstrecke an diesem Punkt die Start- und Zielanlage errichten. Der Besitzer der Mühle weigerte sich, die notwendigen Grundstücke zur Verfügung zu stellen. (24) Früher wurde die Kurve nach dem 1928 hier tödlich verunglückten Viktor Junek häufig auch „Junek-Kurve" genannt.
Bergwerk: Bis ca. 1900 war hier ein Blei- und Silberbergwerk in Betrieb, das wegen starker Wassereinbrüche und Unrentabilität geschlossen werden mußte. Die Stollen sind jetzt noch vorhanden und verlaufen teilweise unter der Strecke.

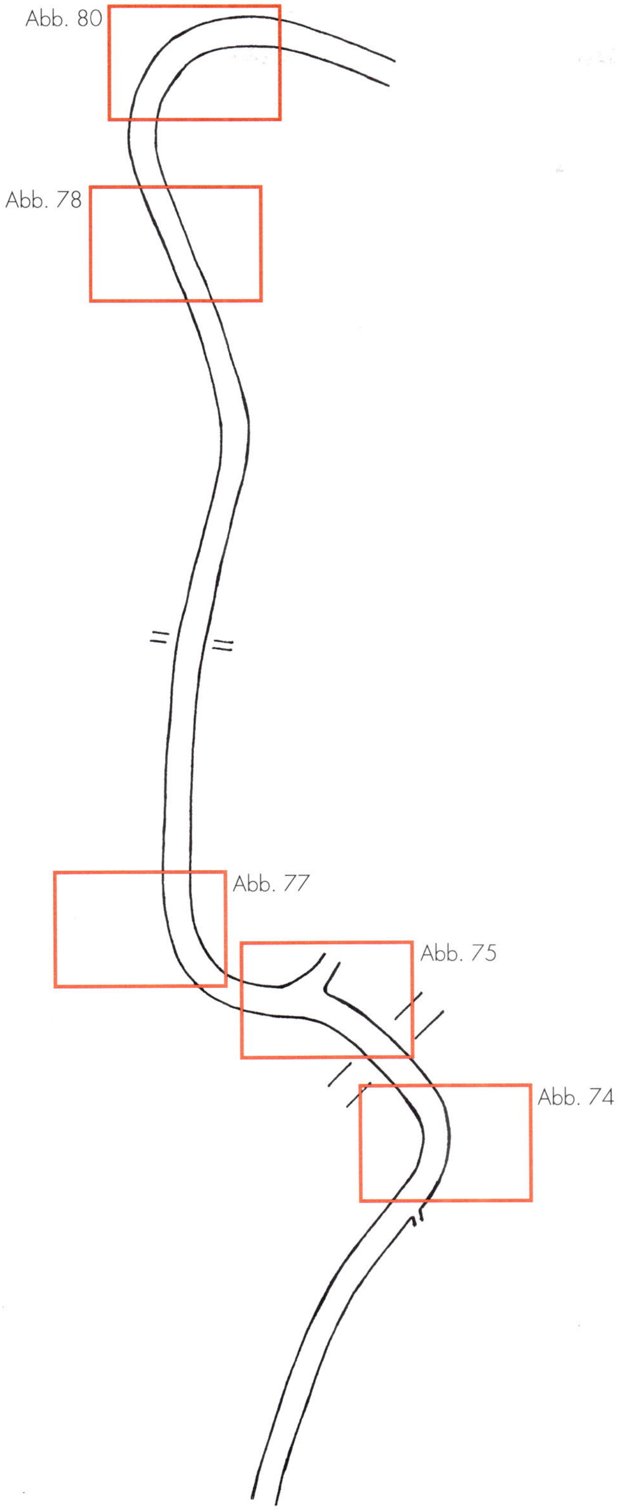

Strecken-charakteristik:

Auch nach Wehrseifen geht es weiter bergab bis Breidscheid, dem tiefsten Punkt der Nordschleife. Hier wird noch einmal die Bundesstraße 257 überquert. Anschließend erfolgt ein steiler Anstieg im Streckenabschnitt Exmühle. Wieder am Wald entlang führt die Strecke nun zur bekannten Bergwerks-Kurve, die als Schlüsselstelle für die bevorstehende lange Steigung im Streckenabschnitt Kesselchen gilt.

Abb. 73: Übersicht Breidscheid bis Bergwerk

Breidscheid / Exmühle:

Bergab diagonal über die Fahrbahn in Richtung des großen weißen Schildes fahren.
Spät nach links einlenken (Farbmarkierung und Beginn des Regengitters am rechten Fahrbahnrand) und nun besondere Vorsicht beim Einbiegen in die Linkskurve vor der Brücke! Das Motorrad federt stark ein und verliert dadurch an Bodenfreiheit. Auf der Brücke nicht zu weit nach rechts hinaustragen lassen. Zum linken Abweiser herüberfahren und an dessen Ende in die Bergauf-Rechtskurve von Exmühle einbiegen.

Abb. 74

Abb. 75

Besonderheiten für Autofahrer:

Besonders bei Nässe Vorsicht vor den metallenen Ablaufgittern rechts vor der Farbmarkierung! Ausgangs der Brücke ist eine Bodenwelle. Danach mit dem linken Vorderrad nicht auf die Abweiser kommen, weil sonst die Lenkung nach links verreißt.

Spezial-Tip von Helmut Dähne: Der richtige Einlenkpunkt für Exmühle zeigt sich auch durch den beginnenden Anpressdruck bei der Steigung.
Weich über die Kuppe beschleunigen, weil hier die Räder entlastet sind und dadurch weniger Haftung vorhanden ist.

Ausgang Exmühle/Anfahrt Bergwerk:

Den Linksknick vor Bergwerk von rechts außen anfahren und danach zur linken Fahrbahnseite ziehen.

Abb. 77

Abb. 78

K

Bergwerk/ Kesselchen I:

Äußerst links bleiben und in die Bergwerk-Kurve spät beim Beginn der dreifachen Leitplanke (Farbmarkierung beachten) einschwenken. Da der Steilhang auf der rechten Seite den Blick auf den Kurvenausgang versperrt, öffnet sich die Kurve erst jetzt.
Vor dem anschließenden Linksknick von der linken Seite zur Fahrbahnmitte wechseln.
In der dann folgenden Linkskurve dicht an den erst spät sichtbaren Abweiser heranfahren.

Abb. 80

Abb. 81

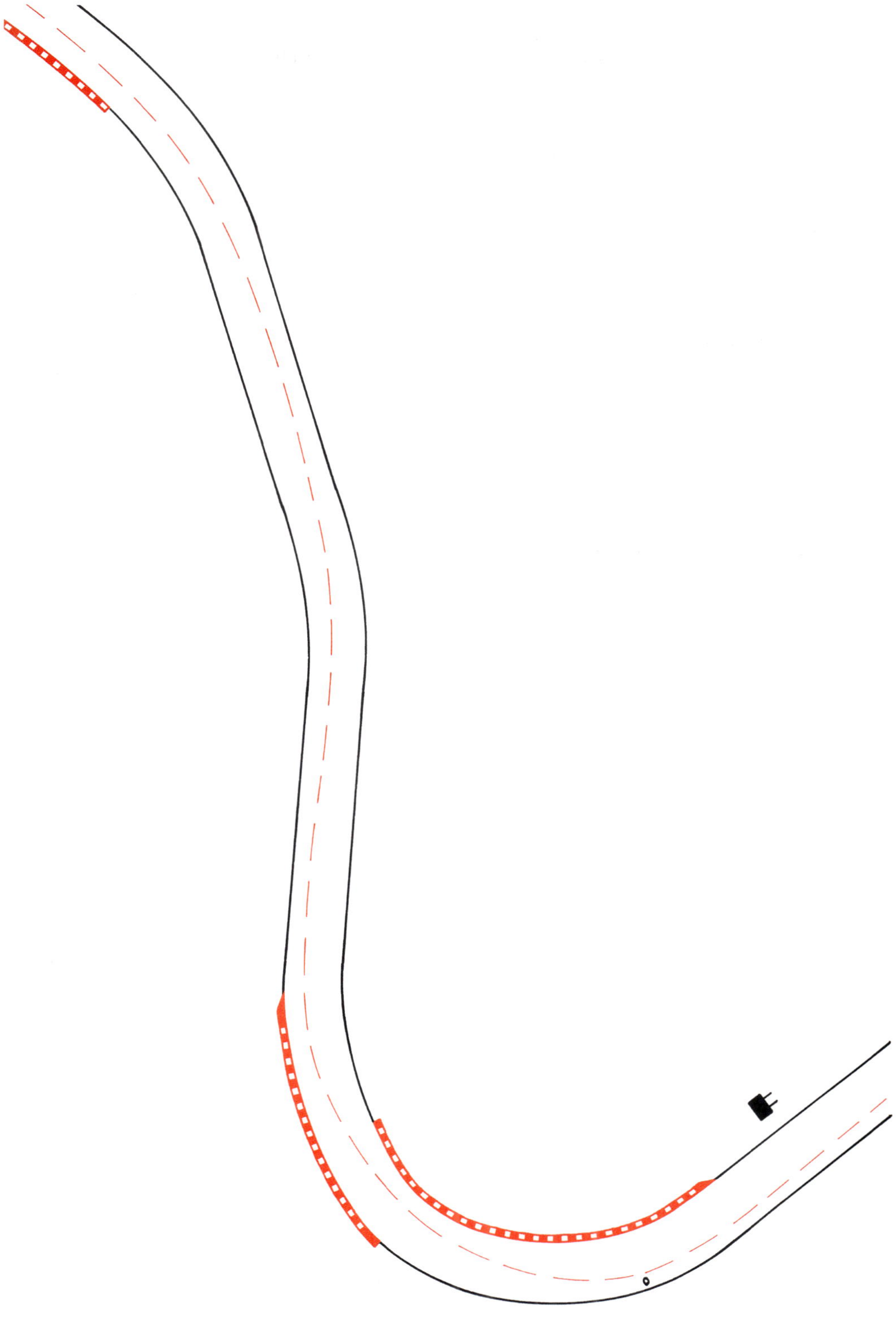

Umfaßt die Zeichnungen

- Bergwerk/Kesselchen I (teilweise)
- Kesselchen II
- Kesselchen III
- Kesselchen IV

Namensgebung

Die Bezeichnung entstand während der Bauarbeiten, da die Strecke hier durch einen Talkessel führt. (25)

Abb. 83: Kesselchen II, in Fahrtrichtung

Abb. 84: Kesselchen III/IV, in Fahrtrichtung

Strecken-charakteristik:

Die bereits bei Exmühle begonnene Steigung setzt sich im Kesselchen stetig fort. Die Strecke führt durch einen Talkessel in weiten Kurven hinauf in Richtung Klostertal. Die letzten Kurven im Streckenabschnitt Kesselchen werden zunehmend enger.

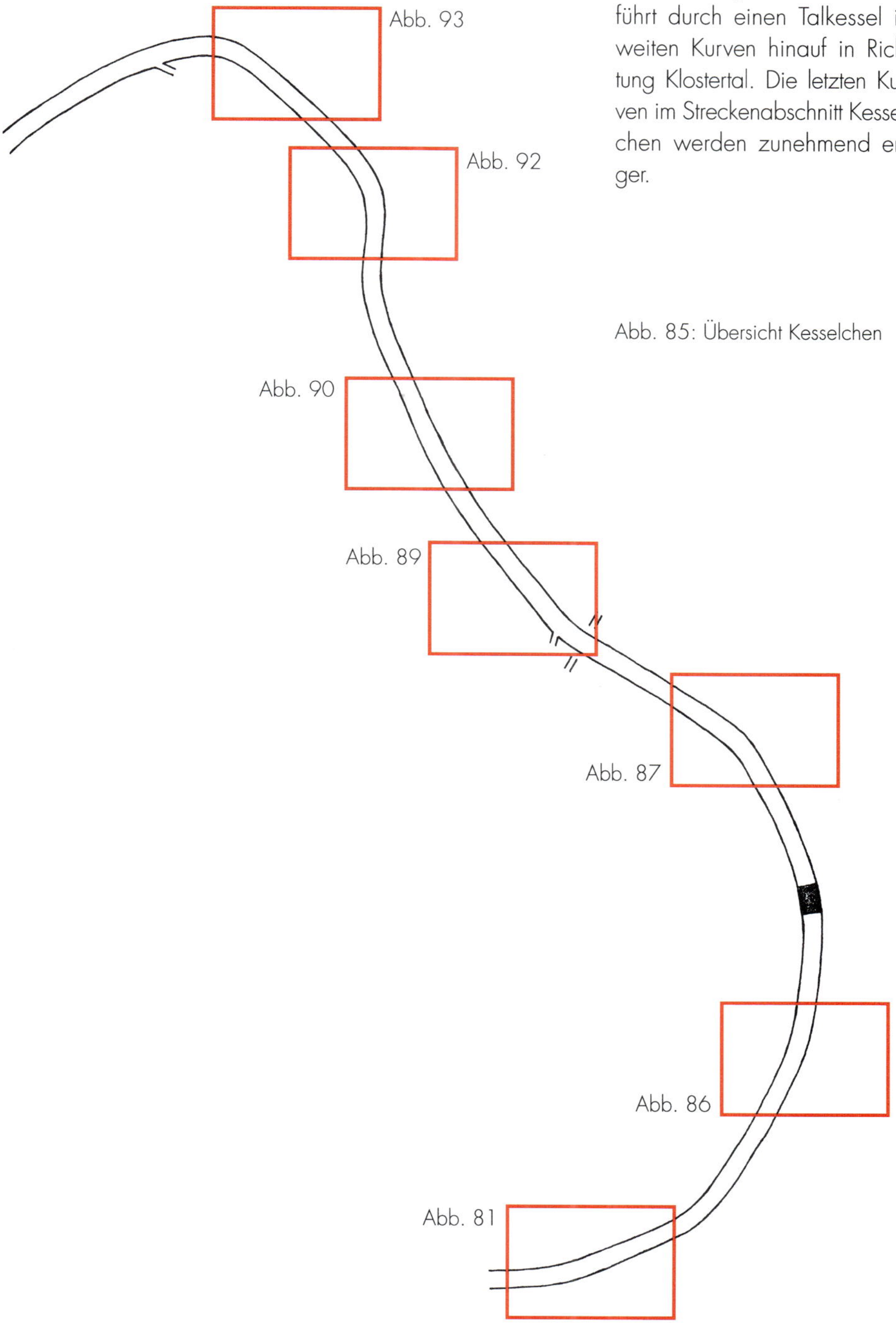

Abb. 85: Übersicht Kesselchen

Kesselchen II:

Bei der hohen Geschwindigkeit im Kesselchen die volle Fahrbahnbreite ausnutzen.
Vom linken Abweiser kommend, beim Ende des rechten Abweisers nur bis zur Straßenmitte heraustragen lassen und in sehr großem Bogen in den anschließenden Doppel-Linksknick fahren. Auf der Kuppe sollte das Motorrad möglichst wenig Schräglage haben. Nach der Kuppe nach rechts tragen lassen und in der nachfolgenden Linkskurve dicht an den Abweiser heranfahren.

Abb. 86

Abb. 87

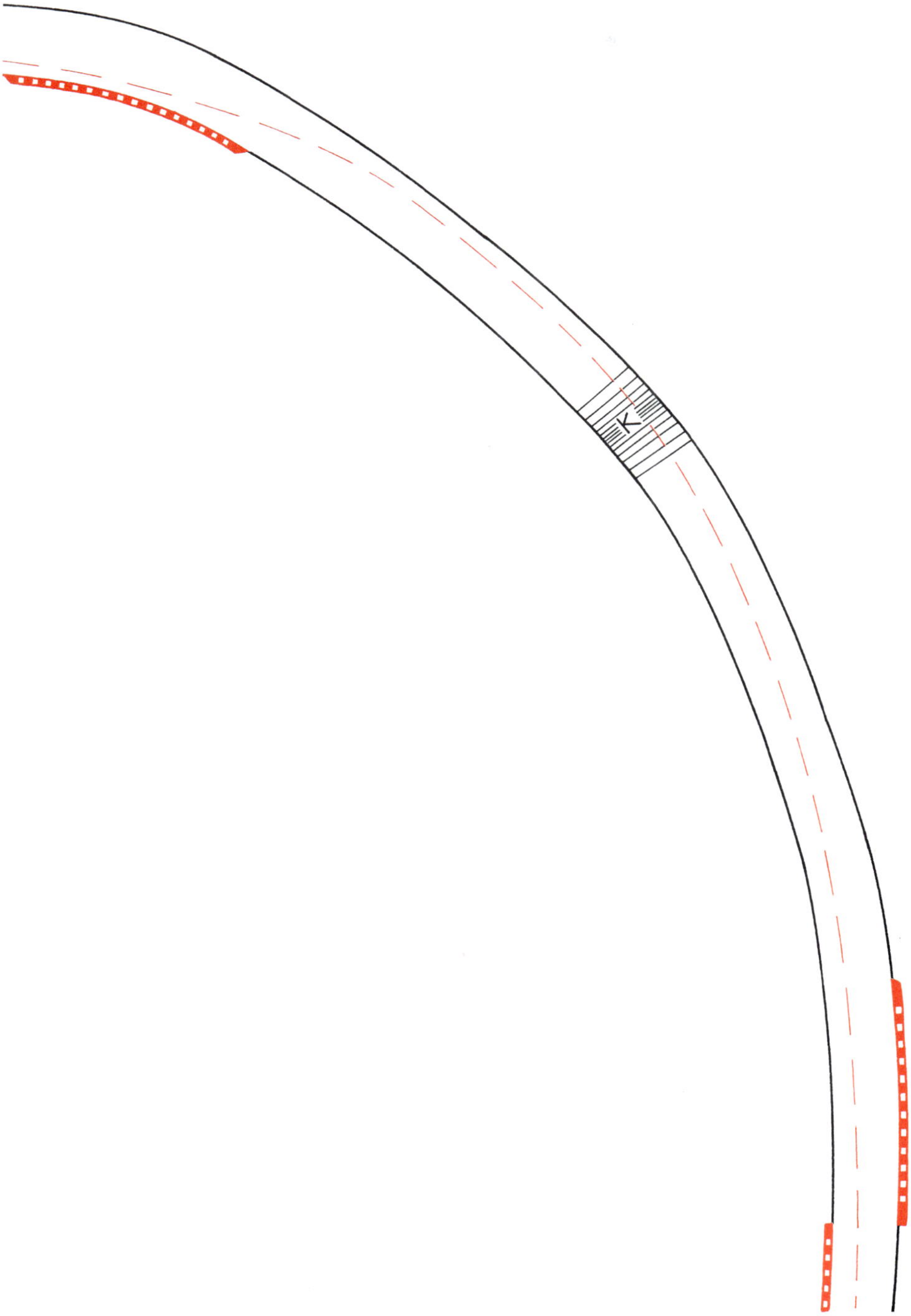
K

Kesselchen III:

In möglichst gerader Linie weiter bergauf am rechten Abweiser beim Schild „Kesselchen" und an den Rubbelsteinen vorbei. Nun den linken Fahrbahnrand für die bevorstehende Rechtskurve ansteuern.

Abb. 89

Abb. 90

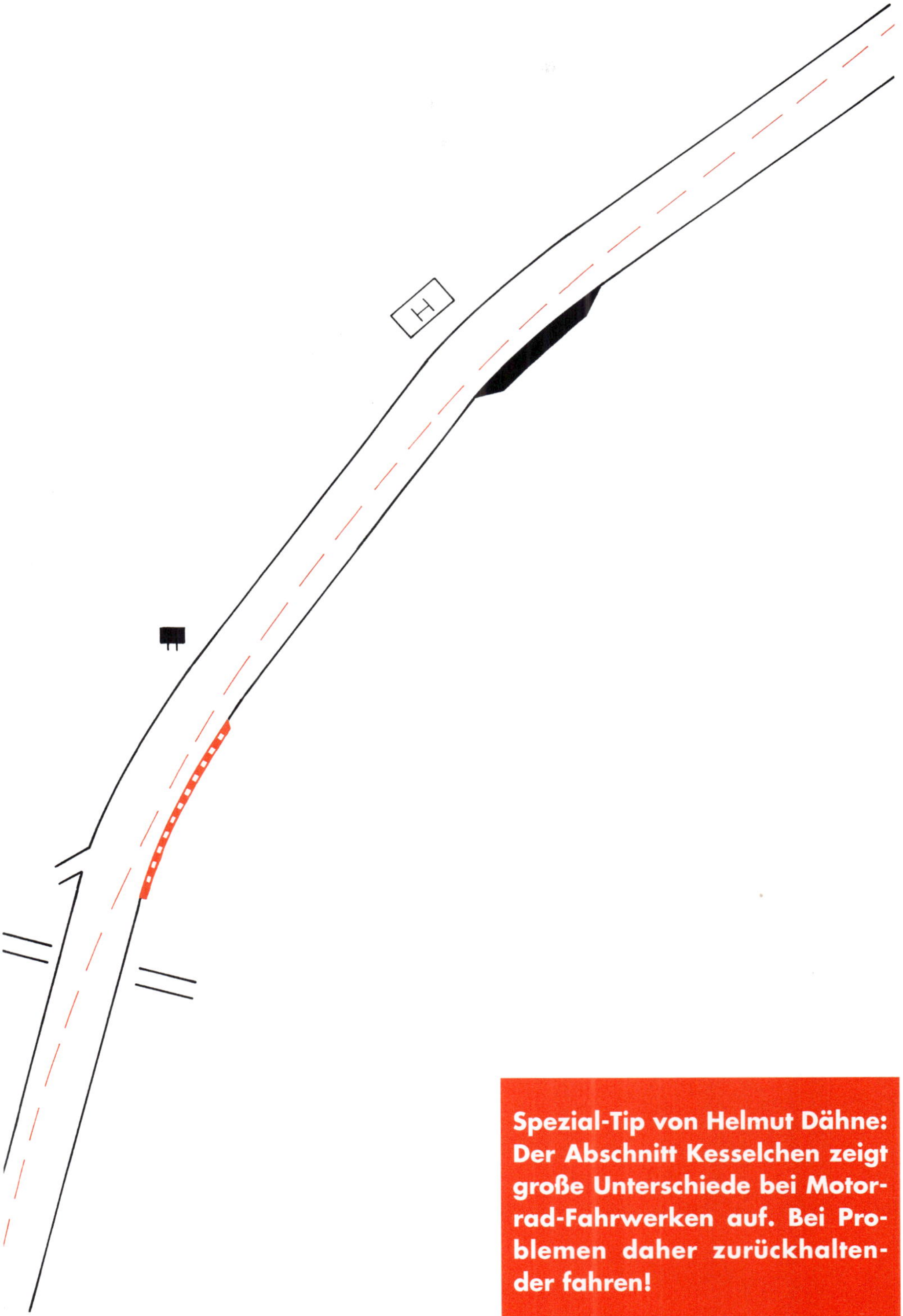

Spezial-Tip von Helmut Dähne: Der Abschnitt Kesselchen zeigt große Unterschiede bei Motorrad-Fahrwerken auf. Bei Problemen daher zurückhaltender fahren!

Kesselchen IV:

Dicht an den Abweisern durch die etwas engere Rechts-Links-Kombination und nach rechts auf die großen Rubbelsteine zutreiben lassen. Am Ende der Rubbelsteine (Farbmarkierung) spät in die unübersichtliche Bergauf-Linkskurve (die zudem leicht nach rechts abfällt) einbiegen. Obwohl der Schwung das Fahrzeug nach rechts trägt, möglichst links halten für die bevorstehende Klostertal-Kurve. Die Rubbelsteine sind dabei eine gute Orientierungshilfe.

Abb. 92

Abb. 93

Besonderheiten für Autofahrer:

Beim Anbremsen der Linkskurve nicht auf die großen Rubbelsteine geraten!

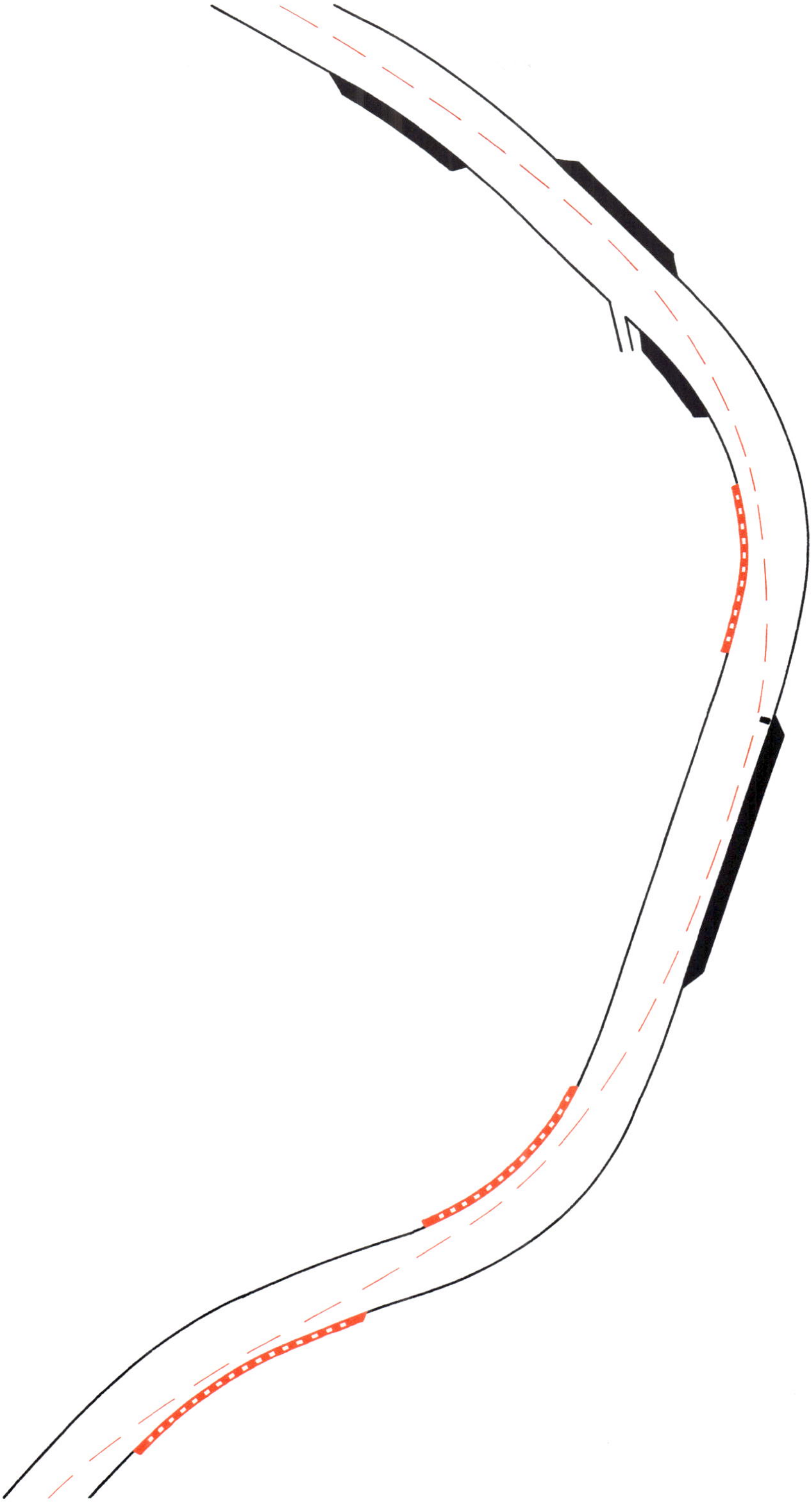

Umfaßt die Zeichnungen

- Klostertal
- Steilstreckenkurve/ Karussell/Auffahrt zur Hohen Acht
- Hohe Acht

Namensgebung

Klostertal: Im 14. Jahrhundert gab es hier einen Johanniter-Orden.
In der Wiese soll man noch die Umrisse der Klosterruine erkennen können.
Steilstreckenkurve: Hier beginnt die Steilstrecke, die früher für Versuche der Automobilindustrie genutzt wurde.
Karussell: Benannt nach dem karussellartigen Steilwand-Oval, betoniert seit 1932.
Hohe Acht: Wie der gleichnamige Berg, der mit 746,9 m höchster Punkt der Eifel ist.

Abb. 95: Auffahrt zum Karussell, in Fahrtrichtung

Abb. 96: Hohe Acht, gegen Fahrtrichtung

Strecken-charakteristik:

Im Klostertal endet der starke Anstieg der Strecke. Über eine kleine Kuppe geht es zur Kehre beim Beginn der Steilstrecke.
(Die Steilstrecke führt mit einer Steigung von 27 Prozent geradeaus direkt zur Hohen Acht. Angeblich sollen sich hier bei den Fahrversuchen früher Autos rückwärts überschlagen haben. Die Oberfläche der 450 m langen Steilstrecke besteht aus 35 x 35 cm großen Solidit-Betonplatten, die auf einer 20 cm starken Betondecke eingemörtelt wurden.) (26)
Hier wird der Wald lichter, denn die Anhöhe rechts der Steilstrecke ist ein beliebter Zuschauerplatz mit mehreren kleinen Verbindungswegen. Die Straße schlängelt sich nun wieder leicht bergauf zur bekannten Karussell-Steilkurve und führt weiter bergauf in Richtung Hohe Acht.

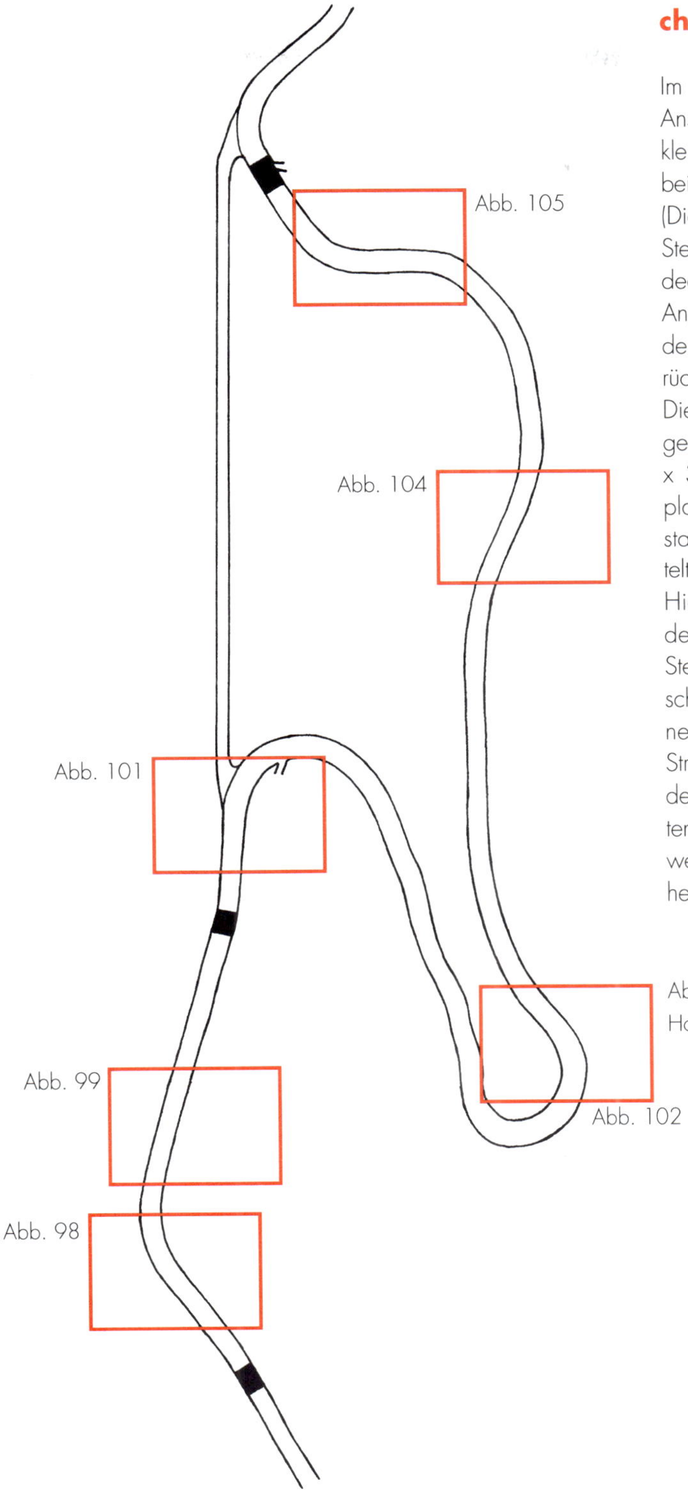

Abb. 97: Übersicht Klostertal bis Hohe Acht

Klostertal:

Aufgrund der hohen Geschwindigkeit ausgangs Kesselchen muß die Klostertal-Rechtskurve unmittelbar nach der Kuppe exakt angepeilt werden. Anschließend links auf die kleine Kuppe vor der Steilstrecken-Kurve zuhalten.

Abb. 98

Abb. 99

Spezial-Tip von Helmut Dähne: Von der Kuppe bis zum Scheitelpunkt der Rechtskurve mit wenig Gas fahren, da auch hier die Räder entlastet sind.

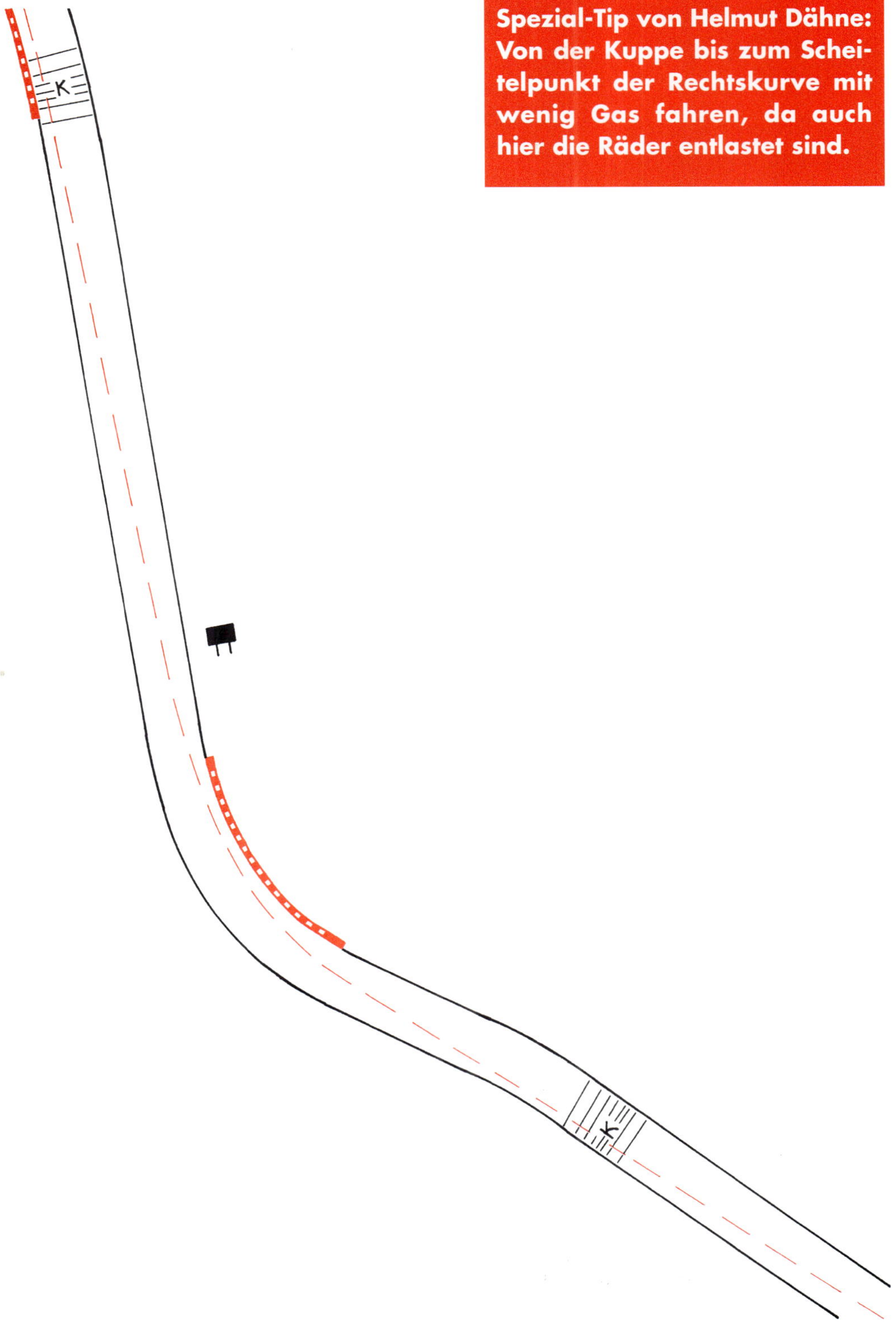

Steilstrecken-Kurve/ Karussell/Auffahrt zur Hohen Acht:

Die linke Fahrbahnseite nicht zu früh ansteuern, denn nach der vorhergehenden Kuppe hat der linke Abweiser eine kleine Ausbuchtung nach rechts. Spät in die Steilstrecken-Kurve einbiegen und beim Herausbeschleunigen zum linken Abweiser treiben lassen.

Durch das nun folgende Kurvengeschlängel geht es fast wie am Lineal hindurch und auf den Abweiser rechts vor dem Karussell zu. Da das Beton-Oval zunächst nicht einzusehen ist, das weiße Postenschild 143 anvisieren und über den weißen Punkt am Beginn der 2. Platte in die Schräge einfahren (Achtung: weit vorausblicken, um nicht die Orientierung zu verlieren!).

Die Schräge beschleunigend über den weißen Punkt auf der rechten Ecke der letzten Platte verlassen. Nach der nun folgenden Rechtskurve nicht zu weit nach links tragen lassen und den unmittelbar danach folgenden weiteren Rechtsknick von der Fahrbahnmitte aus anfahren.

Abb. 101

Abb. 102

Besonderheiten für Autofahrer:

Die beiden weißen Punkte eingangs und ausgangs der Schräge im Karussell mit Mitte Vorderachse überfahren.

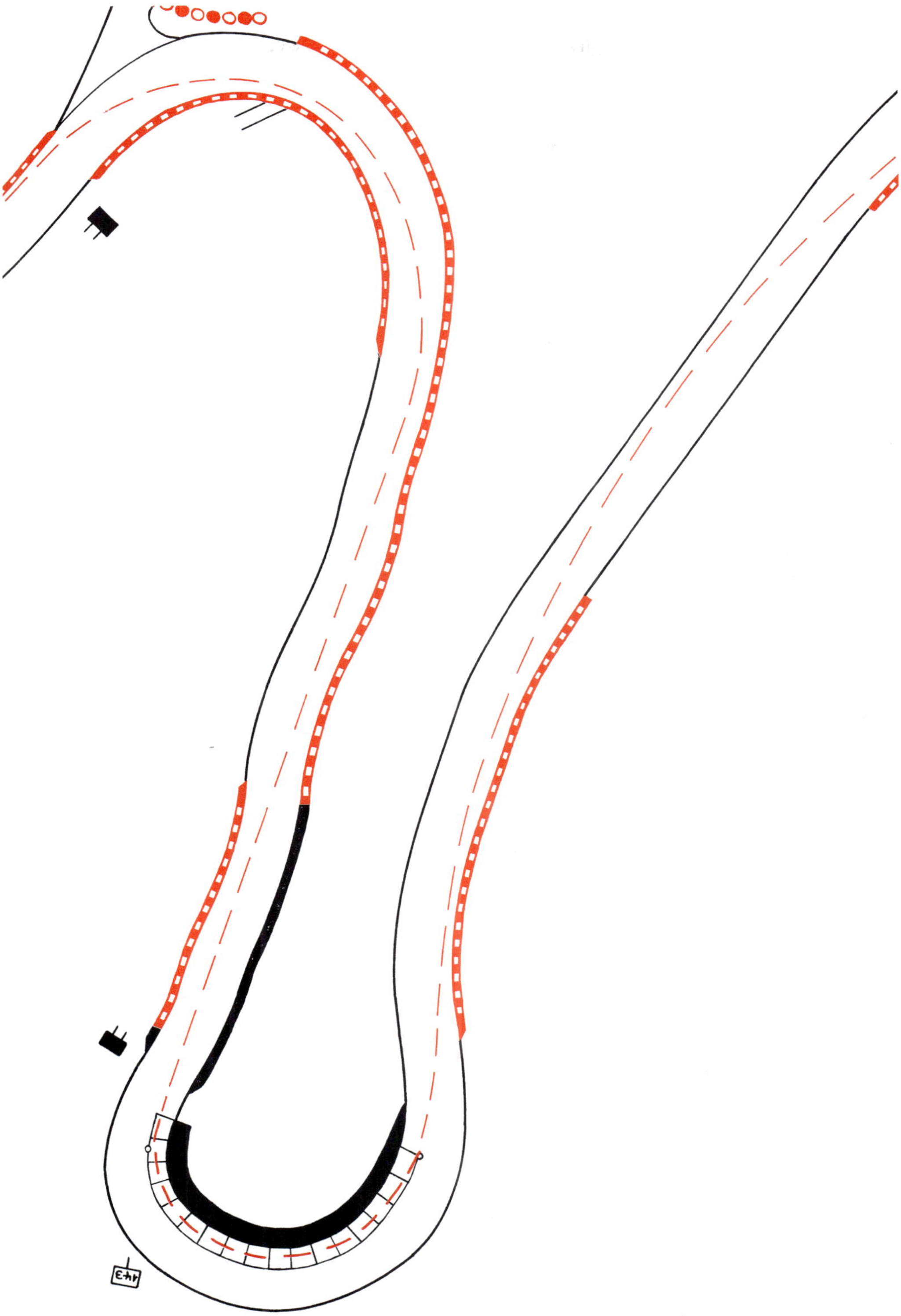

Hohe Acht:

An die Abweiser des Rechtsknicks und der anschließenden Linkskurve heranfahren. Nach rechts auf den Abweiser zwischen dem folgenden leichten Linksknick und dem Beginn der stärkeren Linkskurve zuhalten und gegen Anfang des Abweisers in die Kurve einbiegen.
Nun schnell den Schräglagenwechsel für die noch engere Bergauf-Rechtskurve vornehmen. Zur linken Fahrbahnseite in Richtung der Rubbelsteine fahren und gegen Ende von Abweiser und Rubbelsteinen spät in die Rechtskurve bei der Einmündung der Steilstrecke einschwenken.

Abb. 104

Abb. 105

Besonderheiten für Autofahrer:

Beim Anbremsen der Rechtskurve vor der Einmündung der Steilstrecke nicht auf Abweiser und Rubbelsteine geraten, da das Auto sonst nach links zieht.

Spezial-Tip von Helmut Dähne: Die Steigung zur Hohen Acht hinauf unterstützt den Abbau der Geschwindigkeit. Daher reicht es aus, nur einen Gang zurückzuschalten.

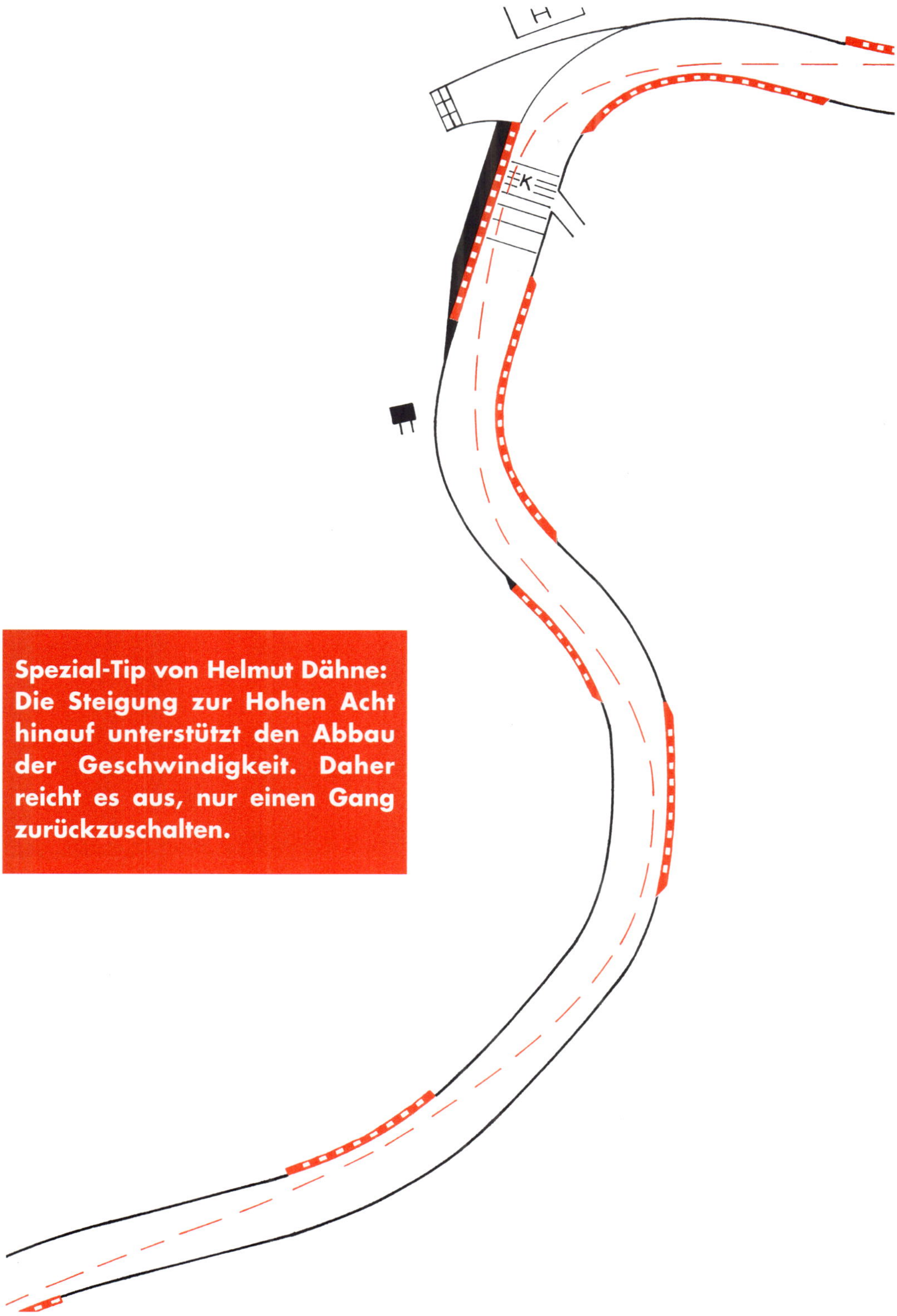

Umfaßt die Zeichnungen

- Hedwigshöhe/ Wippermann
- Eschbach
- Brünnchen/Eiskurve

Abb. 107: Eschbach, in Fahrtrichtung

Abb. 108: Brünnchen, gegen Fahrtrichtung

Namensgebung

Hedwigshöhe:
Benannt nach dem Vornamen der Ehefrau von Landrat Dr. Creutz, dem geistigen Urvater des Nürburgrings.
Wippermann:
So benannt wegen des Auf- und Abwippens in diesem Streckenabschnitt, besonders vor dessen Entschärfung. Ein „Wipp" ist nach einheimischer Mundart eine Erhöhung auf sehr kurzer Distanz. Ein solcher „Wipp", bei dem Busfahrer befürchtet haben sollen, mit der Fahrzeugmitte aufzusetzen, wurde hier zweimal entschärft.
Eschbach:
Benannt nach dem Eschbach und dem Ort Herresbach-Eschbach.
Brünnchen: In unmittelbarer Nähe befindet sich ein kleiner Wasserlauf. Aus diesem Quellgebiet führten um die Jahrhundertwende Bewässerungsleitungen in die Gemeinde Herschbroich. (27)
Eiskurve: Früher, als die Streckenbegrenzung enger war und die Bäume dichter an der Strecke standen, war es hier noch schattiger als heute. Wenn also irgendwo am Nürburgring mit Eisglätte zu rechnen war, dann zuerst in der Eiskurve. Dies gilt grundsätzlich auch heute noch.

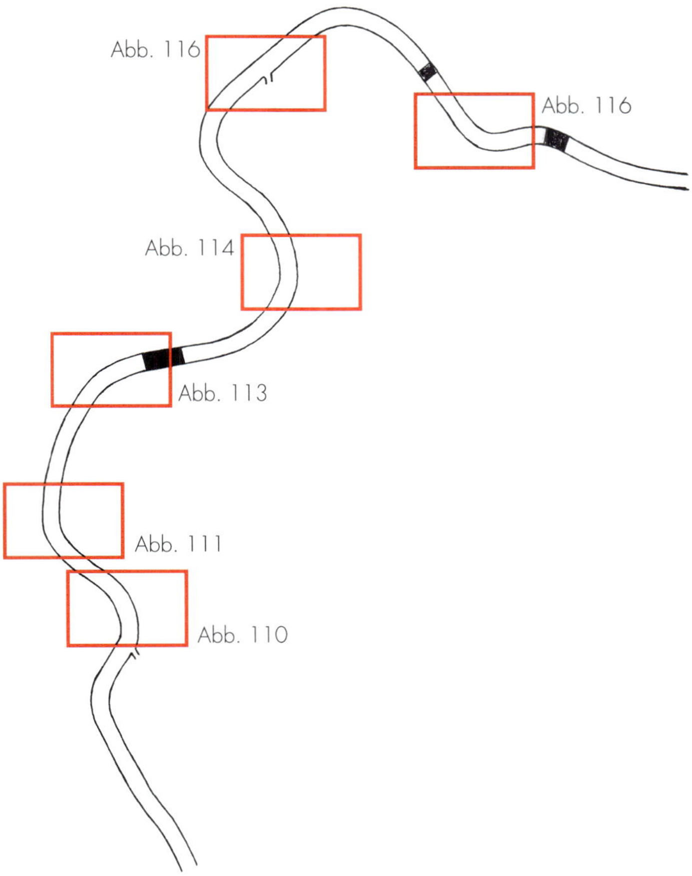

Strecken-charakteristik:

Die schwungvollen Kurven von Hedwigshöhe und Wippermann geleiten hinab bis zum Beginn des Streckenabschnittes Eschbach. Hier führt die Strecke wieder bergan und nach der Eschbach-Kuppe wieder bergab zum Brünnchen, einem sehr beliebten Zuschauerplatz mit seiner großen, kahlen Parkfläche. In diesem Bereich stehen die Baumreihen nur noch an der rechten Straßenseite. Noch in der Rechtskurve ausgangs Brünnchen geht es wieder in den Wald hinein und bergauf in die Eiskurve.

Abb. 109: Übersicht Hedwigshöhe bis Eiskurve

Hedwigshöhe/ Wippermann:

Auf Höhe des Postenschildes 154 die Fahrbahnseite wechseln und auf den Teerweg rechts zuhalten. Erst kurz davor von der rechten Seite ablösen und die Doppel-Links-und Rechts-Kombination in möglichst gerader Linie über die beiden weißen Punkte nehmen. Anschließend links bleiben für die nachfolgende Rechtskurve, die zur Eschbach-Kuppe führt.

Abb. 110

Abb. 111

Besonderheiten für Autofahrer:

Es geht schneller, wenn die Rubbelsteine links und rechts überfahren werden.
Das Überfahren der Rubbelsteine mit den entlasteten, kurveninneren Rädern bringt andererseits Unruhe ins Fahrwerk.

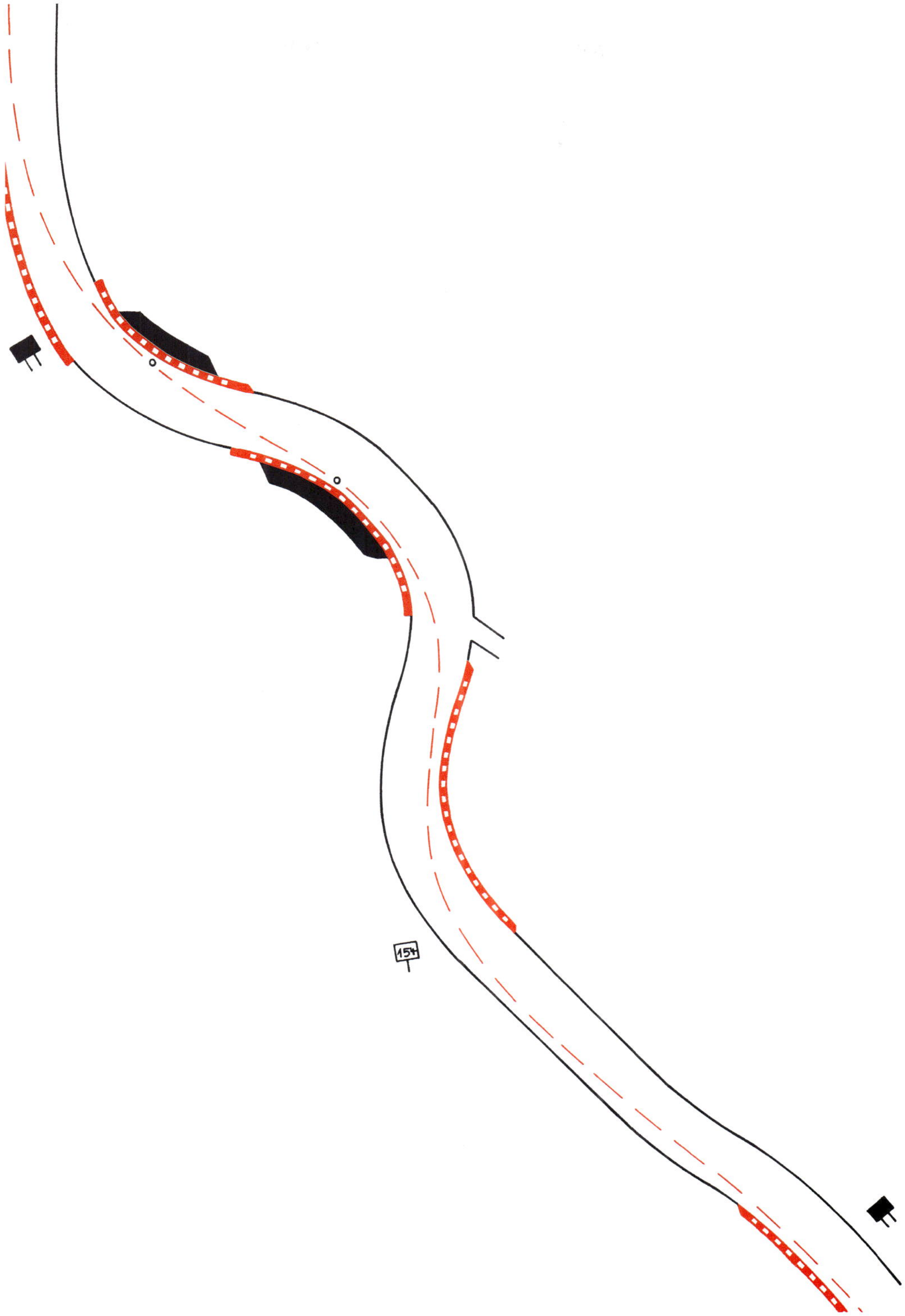
154

Eschbach:

Bergauf rechts über die Eschbach-Kuppe und das unmittelbar nach der Kuppe sichtbare grüne Schild „Eschbach" anpeilen. Auf das Schild zuhalten, auf dessen Höhe vom rechten Fahrbahnrand lösen und bergab in die nachfolgende Doppel-Linkskurve einschwenken. Spät in die Rechtskurve eingangs Brünnchen einbiegen und beim Herausbeschleunigen auf die Rubbelsteine zutreiben lassen.

Abb. 113

Abb. 114

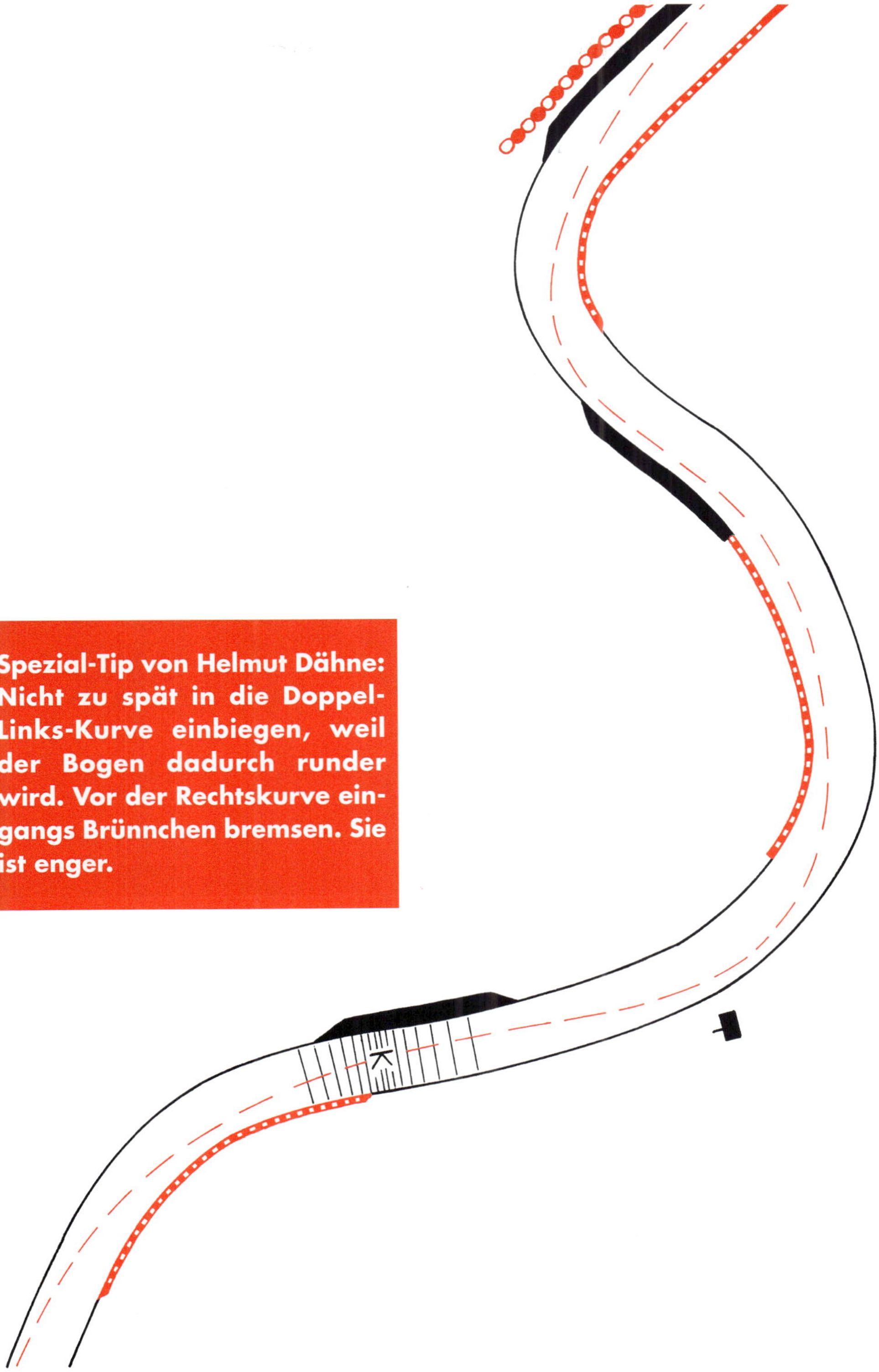

Spezial-Tip von Helmut Dähne: Nicht zu spät in die Doppel-Links-Kurve einbiegen, weil der Bogen dadurch runder wird. Vor der Rechtskurve eingangs Brünnchen bremsen. Sie ist enger.

Brünnchen/Eiskurve:

Am Ende der Rubbelsteine in die Rechtskurve einschwenken und in Richtung des linken Abweisers nicht zu weit hinaustragen lassen. (Vorsicht: Die Rubbelsteine liegen hier bereits vor dem Abweiser!)
Über eine kleine Kuppe geht es auf die Eiskurve zu, die spät angefahren wird.
Dicht an den Abweisern entlang durch die unübersichtliche Kurvenkombination und über die Kuppe ausgangs der Eiskurve, die den Blick auf die Einfahrt Pflanzgarten verwehrt. Daher das unmittelbar nach der Kuppe im hinteren Bereich zu sehende Postenschild 169 anpeilen.
Die nun folgende Eingangs-Linkskurve des Pflanzgartens ist eine Schlüsselpassage für den gesamten Streckenabschnitt.

Abb. 116

Abb. 117

Besonderheiten für Autofahrer:
Die Eiskurve bewußt spät anfahren, da durch die Fahrzeugbreite die Kurvenkombination besonders eng wird.

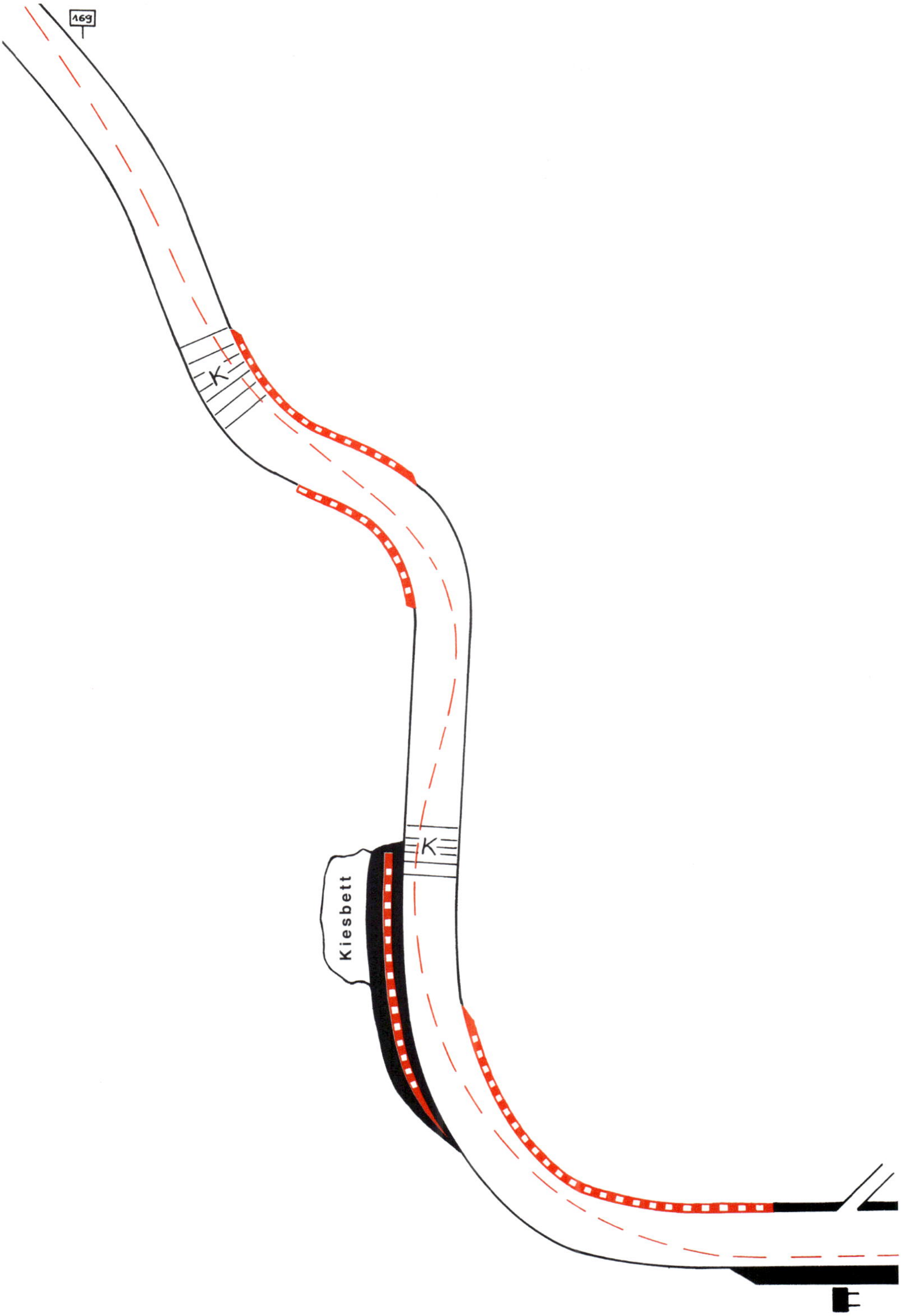
169
K
K
Kiesbett

Umfaßt die Zeichnungen

- Pflanzgarten I
- Pflanzgarten II

Namensgebung

Die Grafen von Nürburg hatten hier ihre Gärten, Anbaufelder und Baumschulen.

Abb. 119: Pflanzgarten I, gegen Fahrtrichtung

Abb. 120: Pflanzgarten II, gegen Fahrtrichtung

Strecken-charakteristik:

Nach der engen Kurvenkombination der Eiskurve folgt nun ein sanftes Kurvengeschlängel zur ersten Sprungkuppe des Pflanzgartens. Hier „berührt" die Strecke fast die Bundesstraße 412.
Weiter durch den dichtstehenden Wald geht es zum großen Steilhang und hier jäh bergab zu der sehr schwierigen und unübersichtlichen Kuppe ausgangs Pflanzgarten.

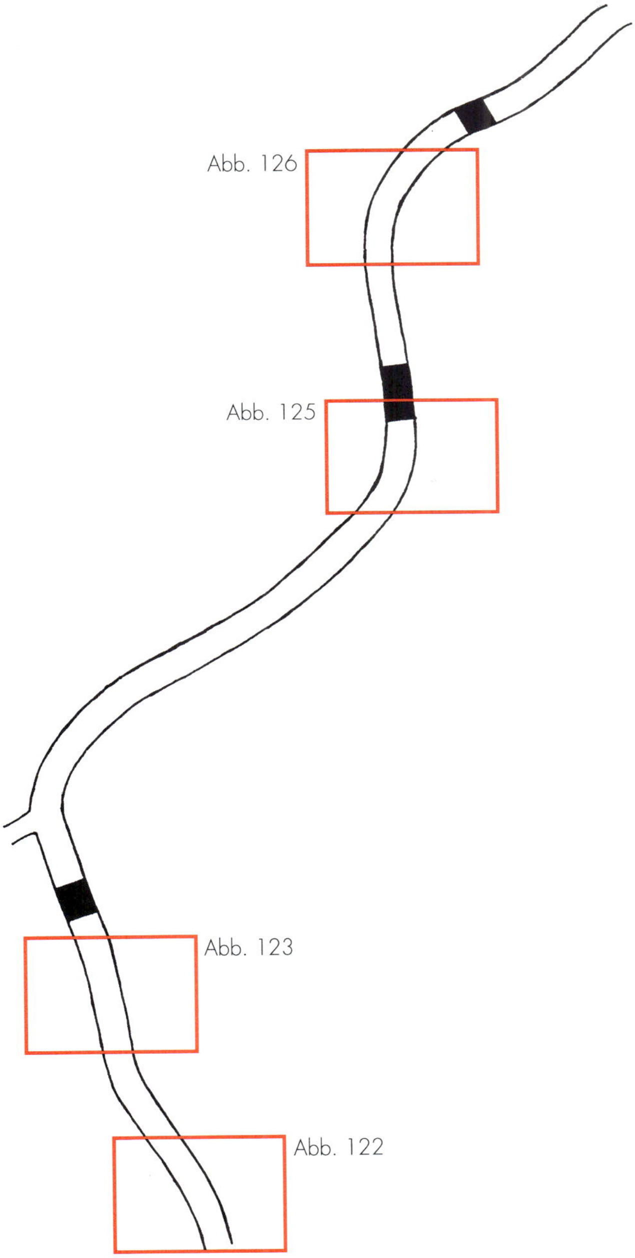

Abb. 121: Übersicht Pflanzgarten

Pflanzgarten I:

Dicht an den Abweisern entlang geht es gerade auf die erste Kuppe des Pflanzgartens zu, die von links angefahren wird. Auf der Kuppe selbst nicht bremsen. Für die Rechtskurve unmittelbar nach der Kuppe ist eine saubere „Landung" besonders wichtig. In der Kurve nicht zu weit nach links heraustragen lassen, da für die anschließende Linkskurve der weiße Farbpunkt auf der rechten Straßenseite überfahren werden muß.

Abb. 122

Abb. 123

Besonderheiten für Autofahrer:

Die Empfehlung, nicht auf der Kuppe zu bremsen, gilt ganz besonders für Fahrzeuge mit ABS.

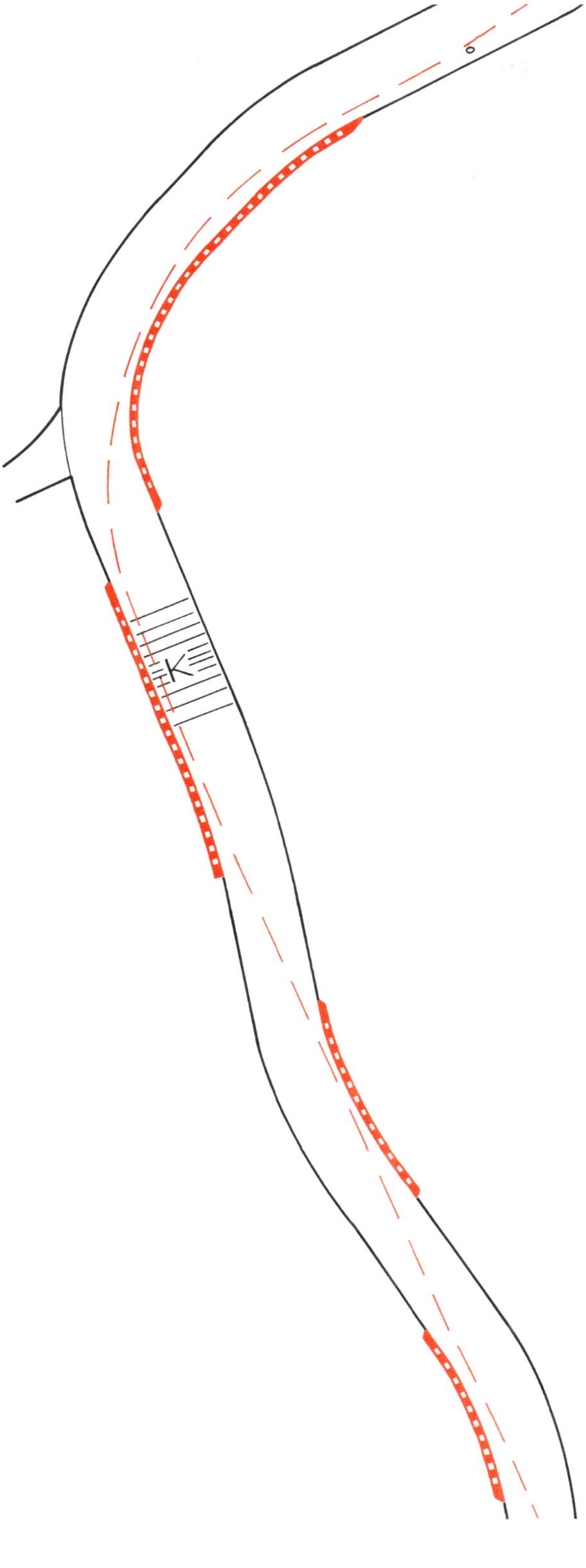
K

Pflanzgarten II:

Ablösepunkt für die zweite Linkskurve ist recht spät in Höhe des Postenschildes 174, da der nun folgende große Steilhang möglichst ohne jede Schräglage zu nehmen ist. Dabei den Lenker nicht verkrampft festhalten, denn das Vorderrad wird sehr leicht. Nach der Senke von der linken Fahrbahnseite in die nachfolgende Rechtskurve ziehen. Diese schwierige Rechts-Links-Rechts-Kombination kann dicht an den Abweisern entlang annähernd gerade durchfahren werden. Die kleine Kuppe versperrt jedoch die Sicht auf den Scheitelpunkt der Linkskurve und es besteht die Gefahr, den Abweiser zu überfahren. Weiterhin ist es auch für diese Kuppe sehr wichtig, sie senkrecht zu überqueren. Unmittelbar danach vom linken Fahrbahnrand in die letzte Rechtskurve des Pflanzgartens einbiegen.

Abb. 125

Abb. 126

Besonderheiten für Autofahrer:

Am großen Steilhang nicht innen über den Abweiser fahren, da das Auto sonst schräg springen und zuerst mit den rechten Vorderrad aufkommen könnte. Den Steilhang hinunter kein Gas wegnehmen, um die Kopflastigkeit zu verringern.

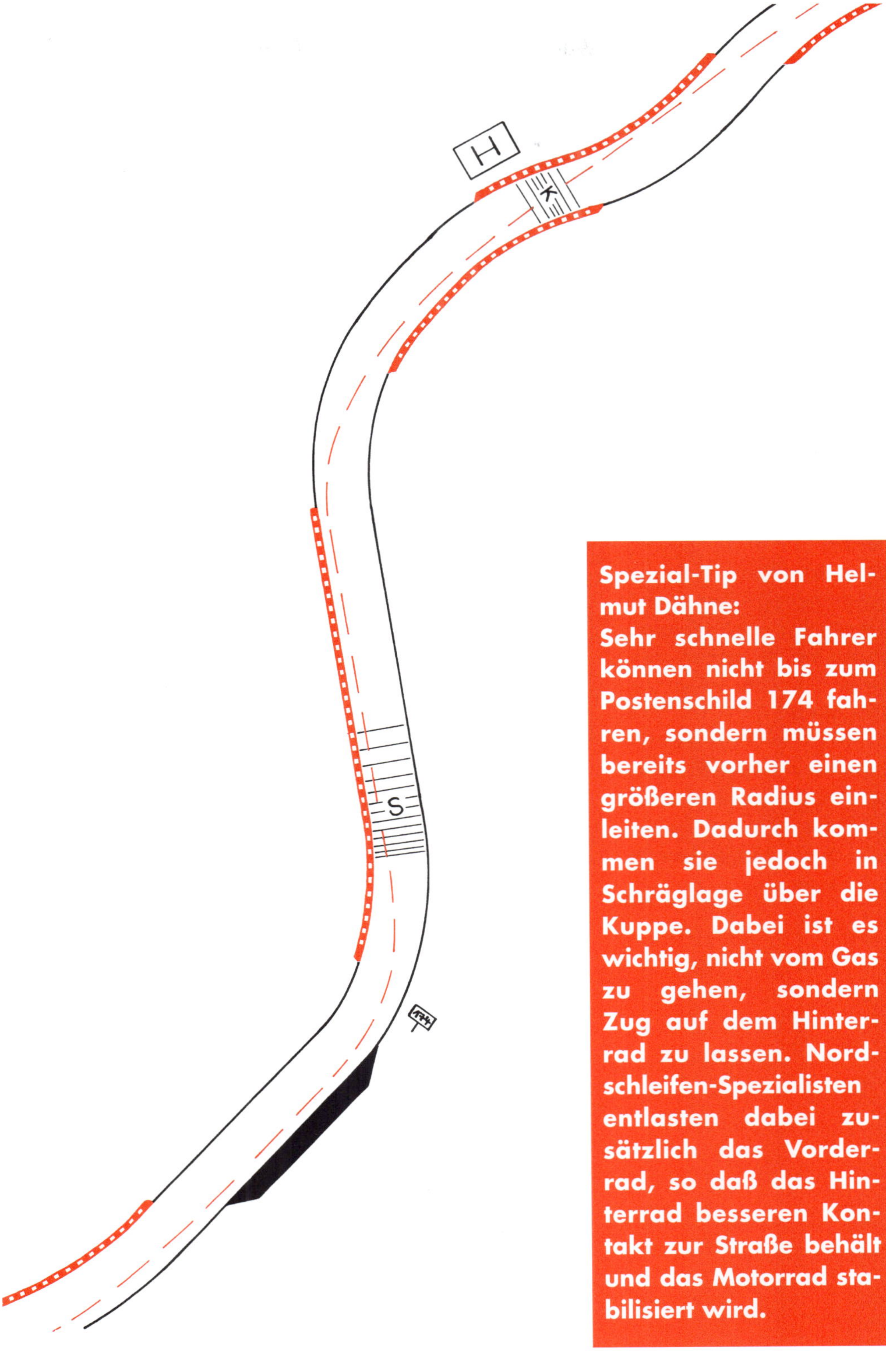

Spezial-Tip von Helmut Dähne:
Sehr schnelle Fahrer können nicht bis zum Postenschild 174 fahren, sondern müssen bereits vorher einen größeren Radius einleiten. Dadurch kommen sie jedoch in Schräglage über die Kuppe. Dabei ist es wichtig, nicht vom Gas zu gehen, sondern Zug auf dem Hinterrad zu lassen. Nordschleifen-Spezialisten entlasten dabei zusätzlich das Vorderrad, so daß das Hinterrad besseren Kontakt zur Straße behält und das Motorrad stabilisiert wird.

Umfaßt die Zeichnungen

- Anfahrt zum Schwalbenschwanz
- Schwalbenschwanz
- Galgenkopf

Abb. 128: Anfahrt Schwalbenschwanz, in Fahrtrichtung

Namensgebung

Schwalbenschwanz: Die Bauarbeiter erfanden diesen Namen 1926. Aus der Vogelperspektive sieht dieser Abschnitt wie das Ende eines Schwalbenschwanzes aus. (28) Der Schwalbenschwanz wird häufig auch das „kleine Karussell" genannt.
Galgenkopf: Hier war die ehemalige Richtstätte der Grafen von Nürburg und der Galgen, an dem die öffentlichen Hinrichtungen vollzogen wurden. Ein Kopf ist eine spitze, natürliche Erhebung. Der Galgenkopf war eigentlich noch höher, wurde jedoch beim Bau des Nürburgrings zur Basaltsteingewinnung benutzt und dadurch etwas abgetragen.

Abb. 129: Schwalbenschwanz, gegen Fahrtrichtung

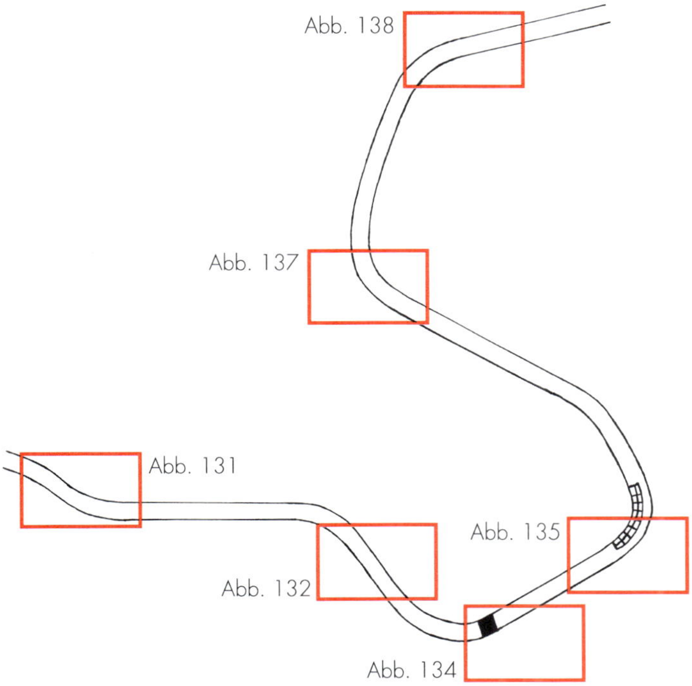

Strecken-charakteristik:

Nach der letzten Kuppe von Pflanzgarten II führt ein schnelles Stück aus dem Wald heraus zum Schwalbenschwanz. Die Kurvenradien werden kleiner bis zur Schräge in dem engen Schwalbenschwanz-Linksbogen.

Die Strecke führt nun etwas bergan in einen schmalen Waldstreifen mit hohen Tannen im Streckenabschnitt Galgenkopf. Nach der unübersichtlichen Zweifach-Rechtskurve geben die Baumreihen den Blick auf die lange Gerade der Döttinger Höhe frei.

Während der Abendstunden blickt man in diesem Streckenabschnitt direkt in die tiefstehende Sonne.

Abb. 130: Übersicht Anfahrt Schwalbenschwanz bis Galgenkopf

Anfahrt zum Schwalbenschwanz:

Wenn aus der letzten Rechtskurve ausgangs Pflanzgarten kräftig herausbeschleunigt wird, ist die nun folgende Linkskurve schärfer als erwartet.
Auf der Geraden links halten und bei dem unlackierten Leitplanken-Stück in weitem Bogen in die Rechtskurve ziehen.
Auf den rechten Abweiser zuhalten und erst beim Halteverbotsschild ablösen, um in die unübersichtliche Linkskurve eingangs Schwalbenschwanz einzubiegen.

Abb. 131

Abb. 132

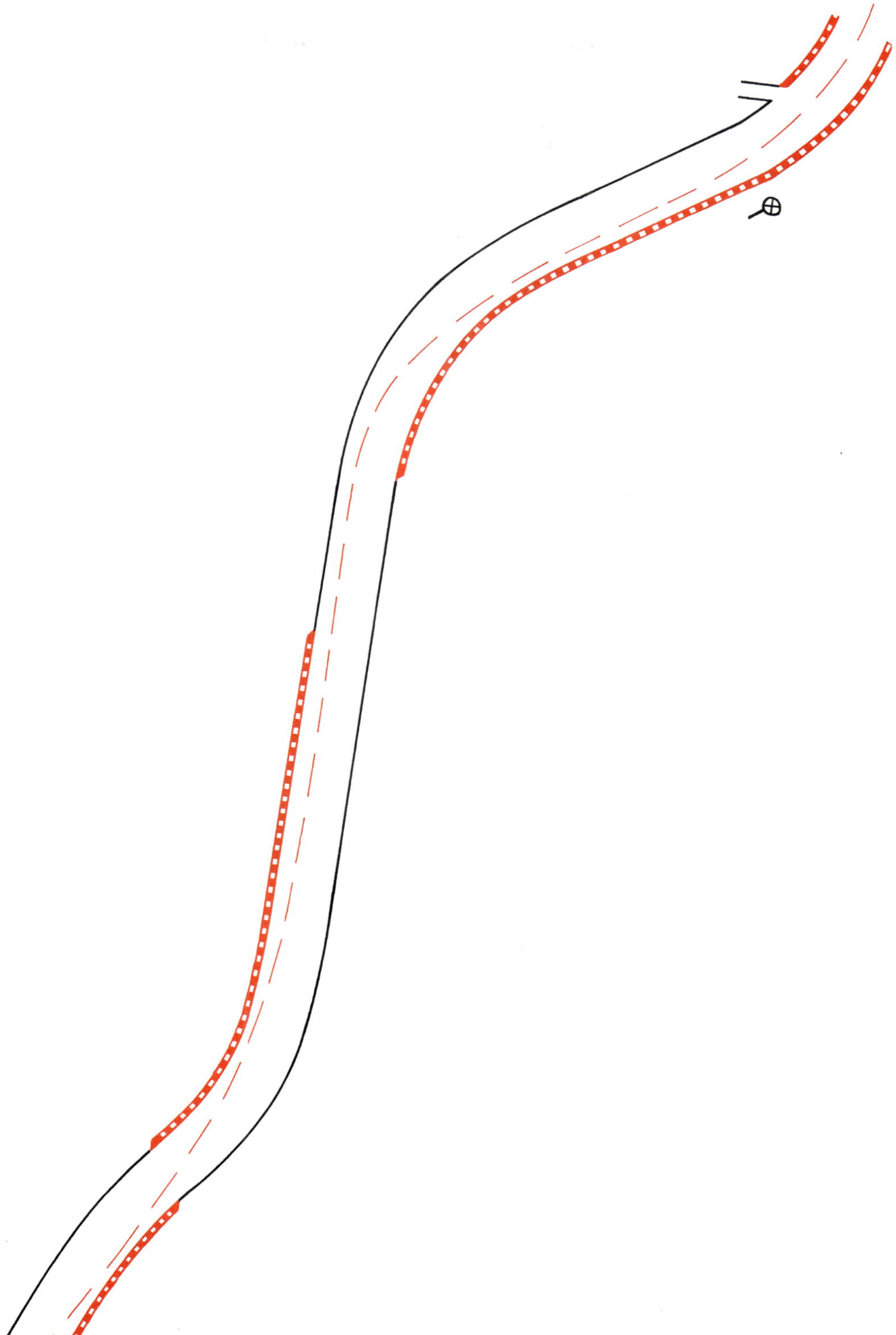

Schwalbenschwanz:

In der Linkskurve eingangs Schwalbenschwanz befindet sich eine kleine Kuppe. Auf dem geraden Stück rechts bleiben und erst bei Beginn des linken Abweisers vom rechten Fahrbahnrand lösen. Über die erste rechte, an der Kante angeschrägte Betonplatte in die Schräge einfahren (Achtung: vorausblicken, um nicht die Orientierung zu verlieren) und die Überhöhung über den Versatz der letzten Platten wieder verlassen. Durch den Schwung beim Beschleunigen nach rechts getragen, paßt so auch der leichte Linksknick ausgangs Schwalbenschwanz.
Für den Galgenkopf den linken Streckenrand anfahren.

Abb. 134

Abb. 135

Besonderheiten für Autofahrer:

Beim Verlassen der Schräge kann das Auto plötzlich ausbrechen.

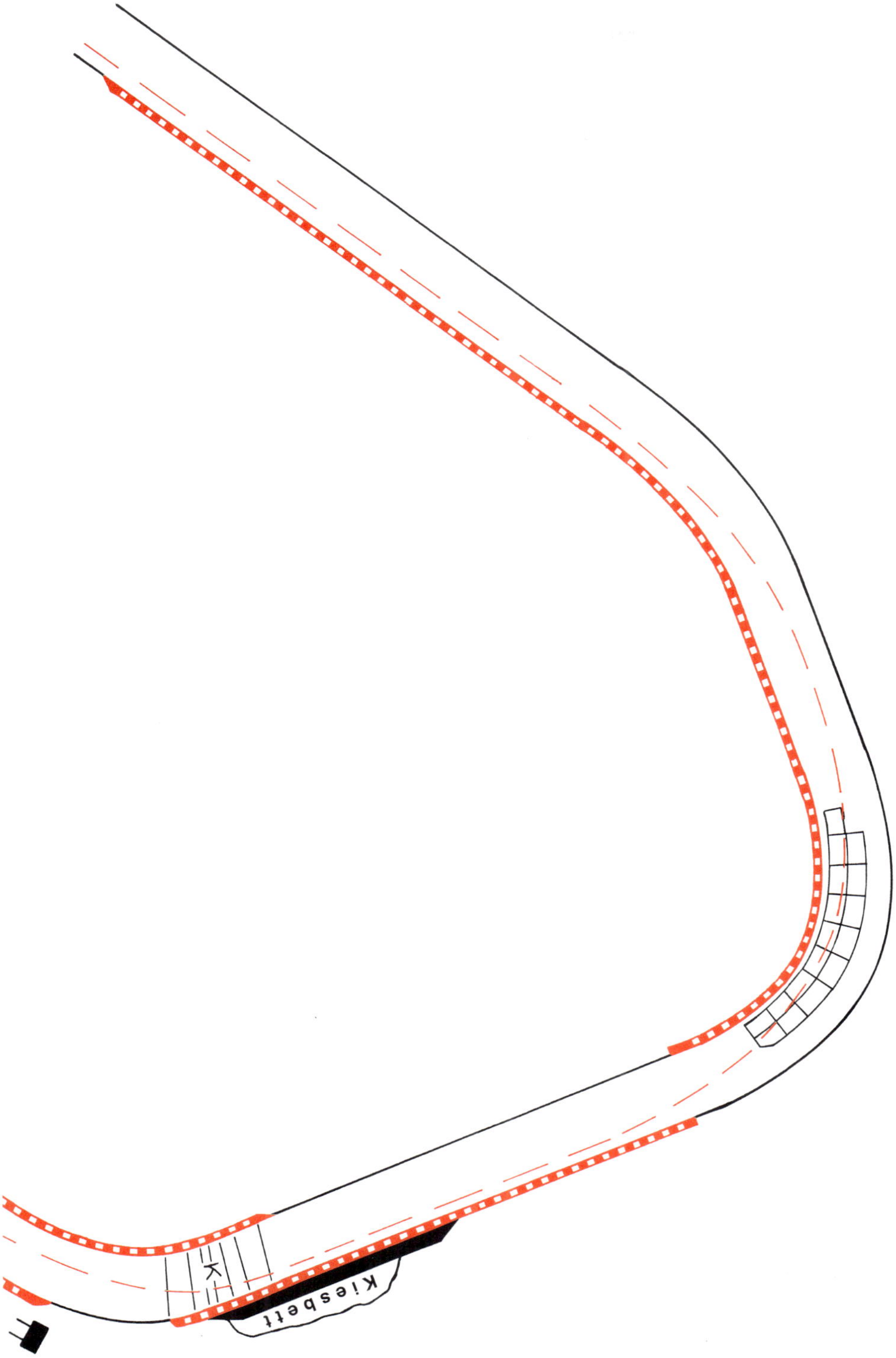
K
Kiesbett

Galgenkopf:

Die beiden aufeinanderfolgenden Rechtskurven in einem Radius durchfahren. Hierfür die kurze Zwischengerade ignorieren und auf einen imaginären Scheitelpunkt beider Kurven zuhalten, der etwa beim Postenschild 186 liegt. Die Rechtskurve ausgangs Galgenkopf beschleunigend verlassen - nun öffnet sich der Blick auf die lange Döttinger Höhe.

Abb. 137

Abb. 138

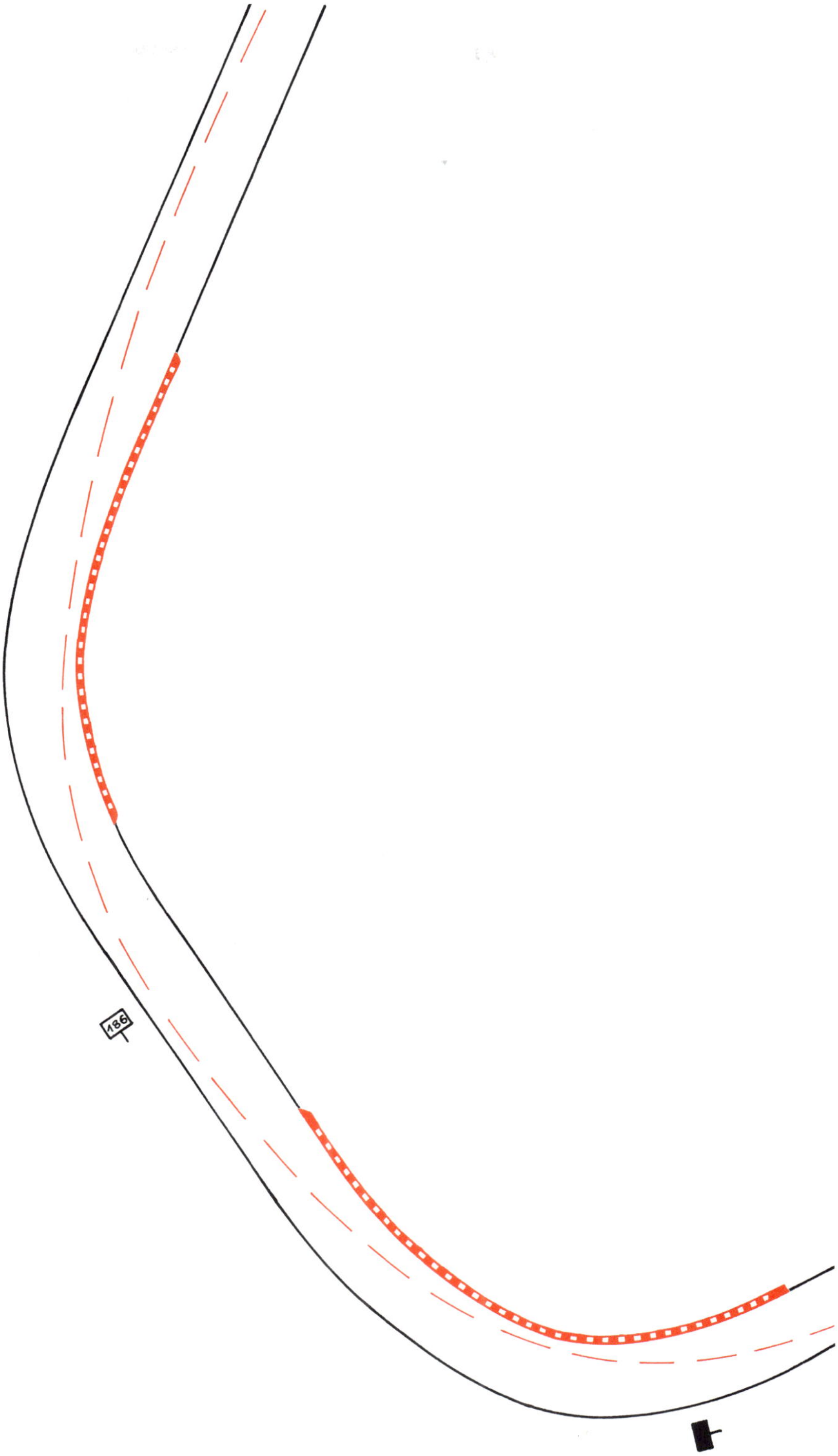
186

Umfaßt die Zeichnungen

- Döttinger Höhe
- Antoniusbuche/Tiergarten
- Hohenrain/Ziel

Namensgebung

Döttinger Höhe: Benannt nach der nahen Ortschaft Döttingen.
Antoniusbuche: Benannt nach einer riesigen Buche als jahrhundertealtes Wahrzeichen, an deren Fuß sich ein dem heiligen Antonius geweihter Altar befunden haben soll. (29) Die Buche stand links neben der Rennstrecke (dort befindet sich heute noch ein steinernes Gedenkkreuz) und fiel 1935 dem Bau der B 258 zum Opfer. Bereits vorher hatten die Bauern befürchtet, daß der alte und enorm dicke Baum umstürzen und ihren Wirtschaftsweg blockieren könnte.
Tiergarten: Pferde, Kühe, etc., die nach Unfall oder Erkrankung nicht mehr als Schlachtvieh verwendet werden konnten, hat man hier in der Nähe der Strecke begraben. Insofern wäre „Tierfriedhof" der eigentlich passende Name gewesen.
Hohenrain: Ein Rain ist eine grasbewachsene Ackergrenze, eine Abgrenzung zwischen zwei Feldern. Ein hoher Rain ist eine hochgelegene Ackergrenze, ein Hügel.

Abb. 140: Tiergarten, in Fahrtrichtung

Abb. 141: Hohenrain, gegen Fahrtrichtung

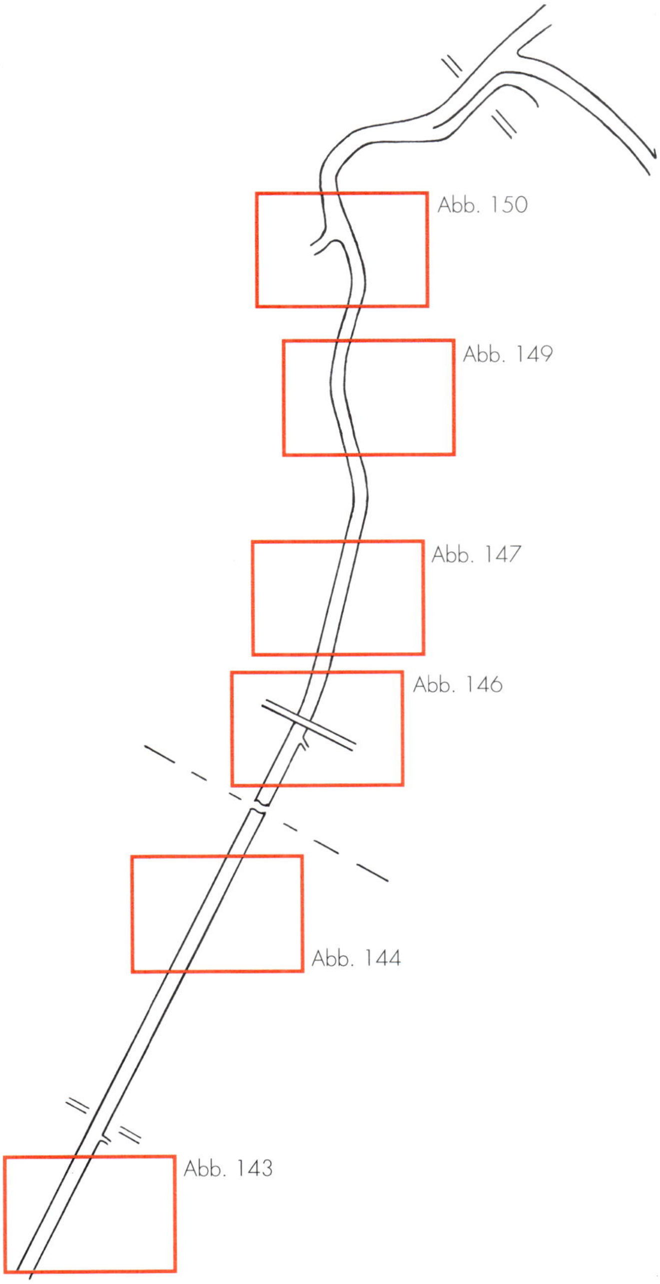

Strecken-charakteristik:

Nach der letzten Kurve ausgangs Galgenkopf geht es auf der Döttinger Höhe parallel zur B 258 immer geradeaus. Die Strecke steigt jedoch leicht an.
Nach dem schnellen Linksknick an der Antoniusbuche geht es leicht bergab, im Tiergarten jedoch unmittelbar wieder bergan. Die Kurven werden nun zunehmend enger.
An der Querspange zum Grand-Prix-Kurs vorbei, ist das Ziel vor der Tribüne 13 erreicht.

Abb. 142: Übersicht Döttinger Höhe bis Ziel

Döttinger Höhe:

Es geht leicht bergan. Bei hoher Geschwindigkeit Bodenwellen spürbar, besonders im rechten Bereich („Touristenlinie"). Bei Seitenwind können die Heckenreihen links einen leichten Schutz bieten. Bei Nässe trocknet die mittlere Fahrspur durch die leichte Rundung der Fahrbahn am schnellsten ab.
In Annäherung an die Brücke zur rechten Fahrbahnseite fahren.

Abb. 143

Abb. 144

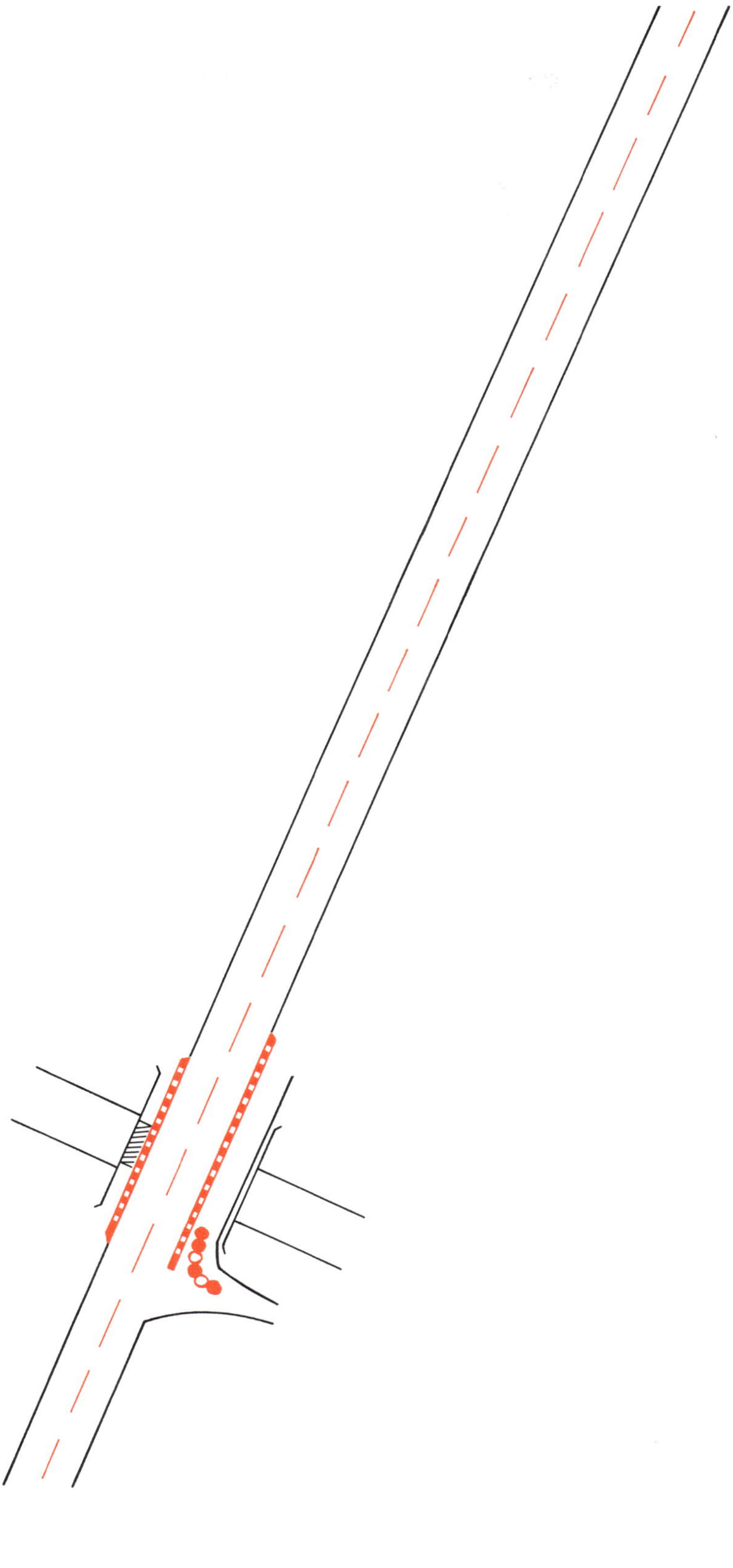

Antoniusbuche/ Tiergarten:

Beim Beginn des weißen Streifens rechts vor der Brücke vom rechten Fahrbahnrand lösen und zum linken Abweiser herüberfahren. Danach zur rechten Fahrbahnseite herübertreiben lassen. Möglichst gerade durch die bergauf führende Links-Rechts-Kombination von Tiergarten.

Abb. 146

Abb. 147

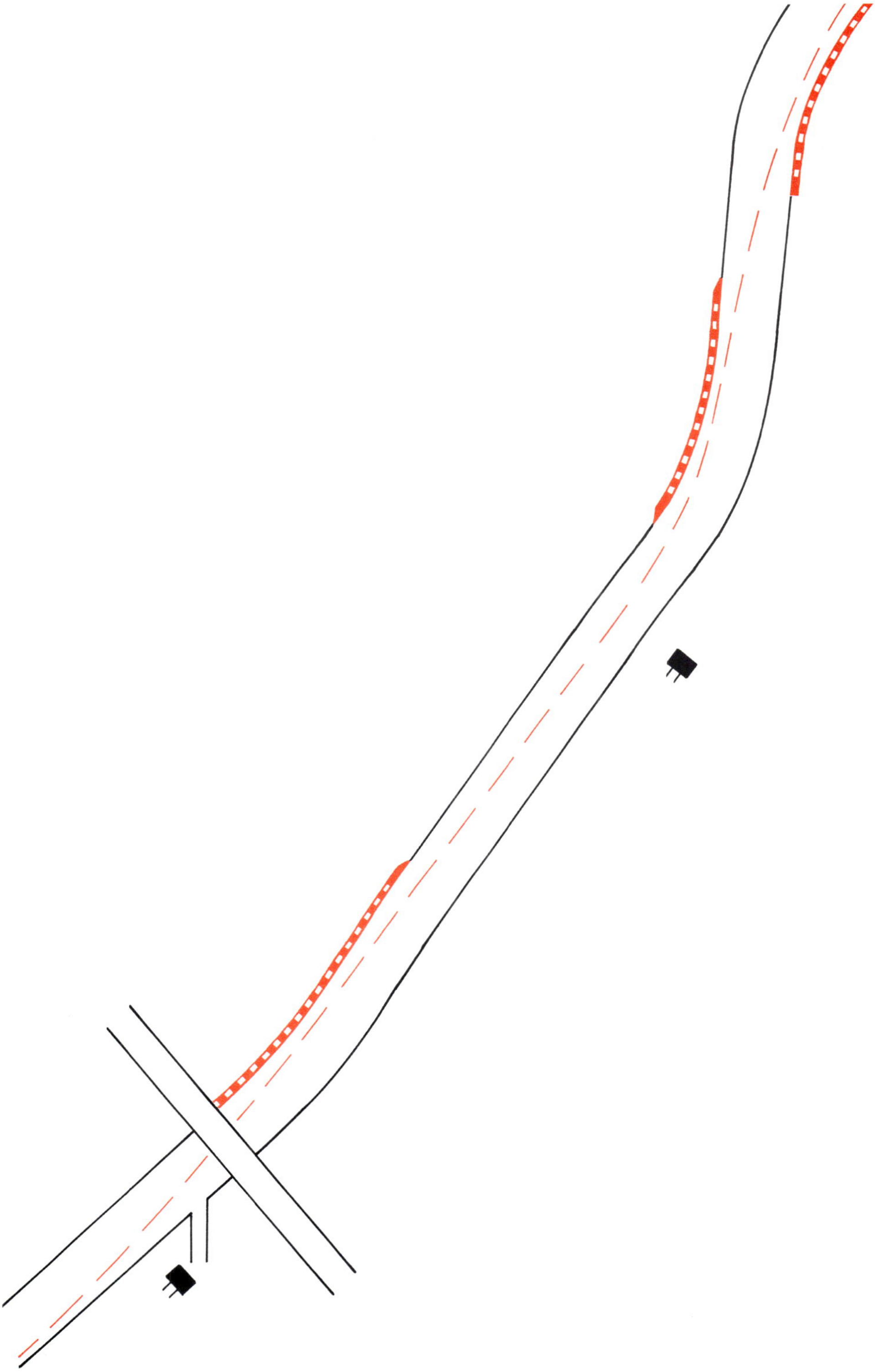

Hohenrain/Ziel:

Die nun engere Linkskurve von rechts außen anfahren und sehr dicht an das Ende des linken Abweisers heranfahren, der die Strecke von dem breiten Rettungsweg trennt. Danach in einem weichen Schlenker durch die Schikane hindurch. Auf der kleinen Zwischengeraden über die Brücke in Höhe der Boxengasse sogleich zum linken Fahrbahnrand ziehen, um von dort aus die enge Rechtskurve zu Start und Ziel anzufahren.
Bitte beachten Sie im Touristenverkehr, daß dieser Streckenabschnitt geschwindigkeitsbegrenzt ist.

Abb. 149

Abb. 150

Besonderheiten für Autofahrer:

Der in den Rettungsweg ragende Abweiser kann bis auf das Teerstück überfahren werden.

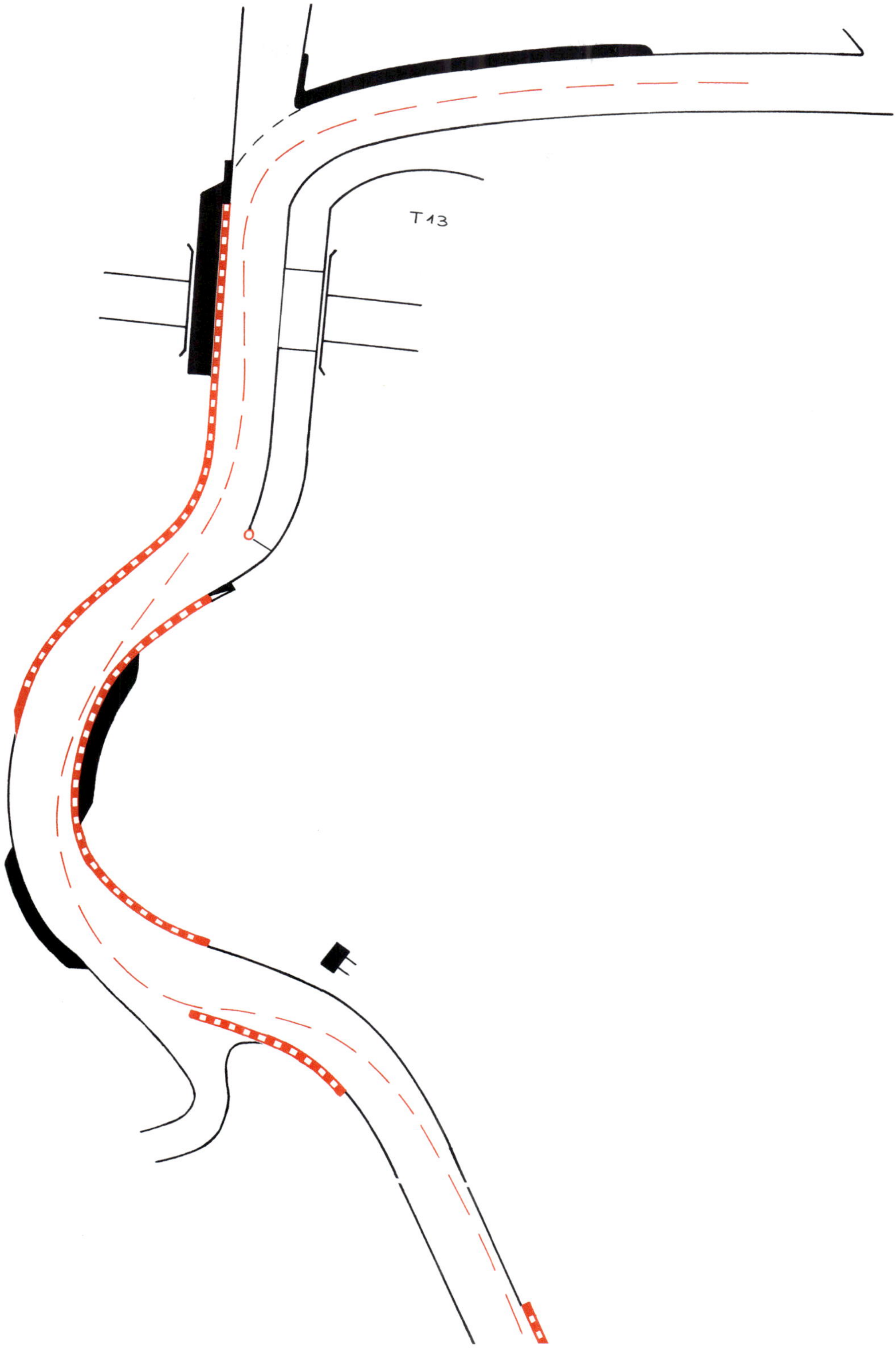
T13

Höhendiagramm Nürburgring-Nordschleife

Höhenunterschiede auf 20,8 km

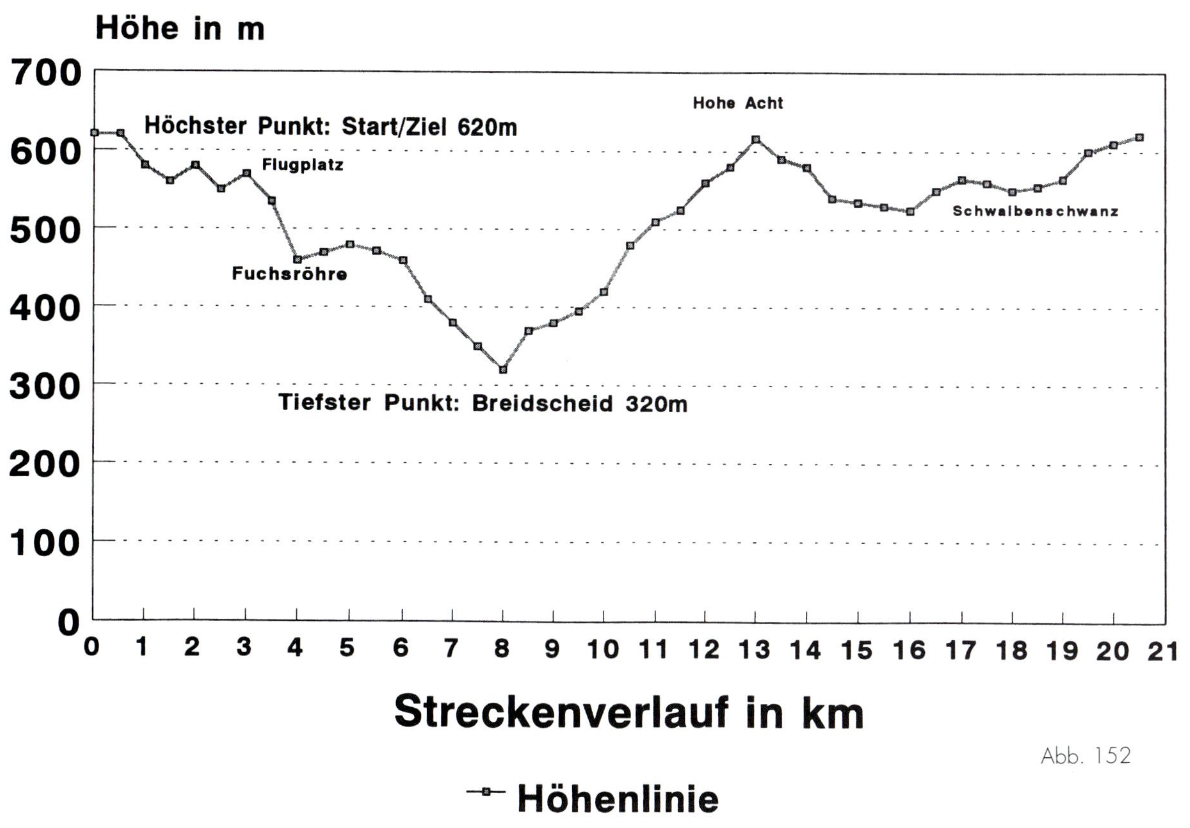

Abb. 152

In den zwanziger Jahren entwickelte sich in Europa erstmals ein deutliches Interesse am Rennsport. Zwar war die Bevölkerung von der umfassenden Wirtschaftskrise belastet, doch war eine Grand-Prix-Veranstaltung eine willkommene Gelegenheit, einmal die Alltagssorgen zu vergessen und die eigenen Nationalhelden im Wettbewerb zu erleben. Neben dem großen Publikumsinteresse bedeuteten Rennsporterfolge auch einen Prestigegewinn für die betreffende Nation.

Im Interesse der Sicherheit von Fahrern und Zuschauern konnten rennsportliche Veranstaltungen nicht weiter auf Landstraßen ausgetragen werden. Was also fehlte, war eine deutsche Rennstrecke.

Die dünn besiedelte Eifel war von jeher ein besonders benachteiligtes Gebiet. Die Verkehrsverbindungen waren schlecht und nennenswerten Tourismus gab es nicht. Andererseits waren Klima und Boden für eine gewinnbringende Landwirtschaft nicht geeignet. Da es weiterhin an größeren Industriebetrieben fehlte, war die Arbeitslosenquote entsprechend hoch.
Würde nicht eine Rennbahn den ersehnten Aufschwung bringen? Bereits 1924, am Rande des 2. Eifelrennens bei Nideggen, entwickelte Hans Weidenbrück, Naturfreund und Pächter der Nürburger Gemeindejagd, eine Idee: Provinzstraßen und Gemeindewege rund um das Dorf Nürburg könnten zu einer Rennstrecke miteinander verbunden werden. (30)

Landrat Dr. Creutz aus Adenau griff diese Idee auf, die vom Kölner ADAC befürwortet wurde und entwickelte sie weiter. Er dachte an eine vollständig neue und in sich geschlossene "Gebirgsrennstrecke". Sie sollte um die Nürburg führen, eine zwischen 1150 und 1160 erbaute Festung, deren Ruine auf einem 678 m hohen Bergkegel das Umland weithin sichtbar überragt. Der Kurs sollte zwar Landstraßencharakter behalten, jedoch völlig vom übrigen Verkehr auf öffentlichen Straßen losgelöst sein. Die Strecke sollte gleichzeitig als „Versuchs- und Forschungsareal" für Testfahrten gebaut werden. Die Gebirgsformationen der Eifel ermöglichten es, alle Arten europäischer Straßenführung nachzuahmen: von langen Schnellstrecken über kurvenreiche Steigungen und Gefälle bis zu einer Steilstrecke mit einer Steigung von 27 Prozent. In Verbindung mit der klimatischen Vielfalt der Eifel ("rund um die Nürburg wird jedes Wetter geboten"), waren dies ideale Voraussetzungen für ungestörte Fahrzeugerprobungen fernab des öffentlichen Straßenverkehrs.

Am 31.1.1925 wurde der ADAC-Ortsclub Adenau gegründet und Dr. Creutz zum Vorsitzenden gewählt. Dr. Creutz gewann einen anderen Adenauer für seine Pläne, den damaligen Oberbürgermeister von Köln und späteren Kanzler der Bundesrepublik, Dr. Konrad Adenauer. Dieser war von der Idee begeistert und trug das Projekt und dessen Vorteile für die Region der Reichsregierung in Berlin vor. An den immensen Kosten für das Projekt beteiligte sich neben der Stadt Köln und dem Land Rheinland Pfalz schließlich auch die Reichsregierung. (32)
Volkswirtschaftlich betrachtet, sollte das Projekt als „Notstandsmaßnahme im Rahmen der produktiven Erwerbslosenfürsorge" vor allem der strukturschwachen Region und den vielen Arbeitslosen aufhelfen.
Am 27.4.1925 begannen mit vorerst nur 60 Arbeitslosen die sogenannten „kleinen Notstandsarbeiten" am Galgenkopf. Erst 10 Tage danach stand endlich der Vertrag zwischen dem ADAC und dem Kreis Adenau. Letzterer verpflichtete sich zum Bau der „Ersten deutschen Renn- und Versuchsstrecke" und der ADAC zur Ausrichtung von jährlich 3 bis 4 Großveranstaltungen. Nachdem der Adenauer Kreistag den Vertrag ratifiziert hatte, wurde ein Ingenieursbüro mit der Bauleitung beauftragt.

Die Entscheidung, nicht eine Hochgeschwindigkeitsstrecke mit Steilkurven, sondern eine „Prüfungsstraße" zu bauen, gab den Streckenverlauf vor. Die Strecke wurde den landschaftlichen Gegebenheiten weitestgehend angeglichen. Die Länge der Strecke wurde durch zwei Faktoren bestimmt: Die Planer erwarteten große Starterfelder bei den Rennen, die sich auf einer langen Strecke besser entzerren würden, was ein Gewinn an Sicherheit bedeutete. Der zweite Grund war, daß die umliegenden Gemeinden möglichst in der Nähe der neuen Attraktion sein wollten. Für die Rennbahn stellten sie dann auch kostenlos Gemeindeland zur Verfügung. (33)

Nach den Planungsunterlagen sah die Streckenkonzeption vor: Gesamtstrecke 28,265 km, Nordschleife 22,810 km, Südschleife 7,747 km, für die Start- und Zielschleife 2,238 km. Die längste Gerade sollte mit 2,6 km die Döttinger Höhe bis zum Tiergarten sein, der engste Kurvenradius mit 33 m das Karussell. Während die Strecke in ihrer Gesamtheit durchschnittlich 8 m breit sein sollte, waren für einen 500 m langen Start- und Zielbereich 20 m Breite vorgesehen. Hinzu kamen Steigungen von bis zu 17 Prozent, die bereits erwähnte Steilstrecke für Industrieversuche mit 27 Prozent und Gefälle von bis zu 11 Prozent. Die Strecke sollte insgesamt 172 Kurven aufweisen, davon 88 Links- und 84 Rechtskurven. (34)

Die Fahrbahndecke der Strecke wurde in Makadambauweise unter Verwendung von Bitumen und Teer als Bindemittel hergestellt, Start- und Zielschleife hingegen aus Beton. (35)

Die „großen Notstandsarbeiten" begannen am 1.7.1925.

Am 27.9.1925 erfolgte die Grundsteinlegung zu den Gebäuden bei Start und Ziel und damit begann der Bau der „Gebirgs-, Renn- und Prüfstrecke", die bis zu diesem Zeitpunkt noch nicht einmal einen Namen hatte. Der Name des Nürburgrings stammt von Dr. Kruse, Regierungspräsident a.D., und so wurde die „Erste deutsche Gebirgs- Renn- und Prüfungsstraße für Kraftfahrzeuge" offiziell auf den Namen „Nürburgring" getauft.

Zwei Jahre lang haben zeitweise bis zu 2500 Menschen in schwerer Arbeit die Trasse für den Nürburgring gelegt, haben sich mit überwiegend einfachen Hilfsmitteln und Pferdewagen ihren Weg durch das unwegsame Waldgebiet gebahnt. Die verwendete Lorenbahn galt als große technische Errungenschaft. Berücksichtigt man darüber hinaus die Länge der Strecke

Abb. 153: Bauarbeiten bei Start und Ziel

und das schwierige Gelände, so wurde innerhalb dieser zwei Jahre eine wirklich große Leistung vollbracht. Die Baukosten betrugen 14,1 Millionen Reichsmark.
Da der Landkreis Adenau diese hohe Zahl von Arbeitskräften nicht selbst aufbringen konnte, wurden Arbeiter aus den Regierungsbezirken Koblenz und Köln verpflichtet. Für einen Teil von ihnen wurden Barackenlager auf der Quiddelbacher Höhe, in Breidscheid, auf der Hohen Acht und in Nürburg errichtet. (36)

Abb. 154: Die beim Bau verwendete Lorenbahn

Abb. 155: Das Programmheft zur Eröffnungsfeier

Am 18. Juni 1927 schließlich wurde der Nürburgring feierlich eröffnet. Für das Eröffnungsrennen präsentierte er sich mit seiner 22,8 km langen Nordschleife mit allein 172 Kurven und der 7,7 km langen Südschleife als eine einzigartige Herausforderung aus Kurven, Steigungs- und Gefällstrecken.
Etwa 85.000 Zuschauer umsäumten die Streckenabschnitte mit Namen wie Hatzenbach, Fuchsröhre, Hohe Acht und Schwalbenschwanz - Namen, die bald zum Pflichtvokabular aller wurden, die im Rennsport erfolgreich sein wollten.
Bei dieser ersten Veranstaltung, dem „Eifelrennen für Wagen und Motorräder", wurde die gesamte Distanz von 28,265 km befahren. Der Rundenschnitt des Siegers bei den Sportwagen war 96,5 km/h.

Hier und anschließend müßten eigentlich die Namen großer Rennfahrer fallen, von Männern und Frauen, die auf dem Nürburgring enorme Leistungen erbracht und Weltruhm erlangt haben. Doch welche Namen sollten unbedingt erwähnt und welche könnten ausgelassen werden?
Dies ist kein Buch über berühmte Rennfahrer und deren Rekorde. Solche Bücher gibt es bereits. Es ist ein Buch über die Strecke selbst und in diesem geschichtlichen Rückblick über den langen Weg, auf dem sie zu dem wurde, was sie heute ist.

Bereits am 17. Juli 1927 fand der Große Preis von Deutschland für Sportwagen statt. Dieser Große Preis und die beiden darauffolgenden führten noch über die gesamte Streckendistanz von 28 km, alle nachfolgenden Rennen „nur noch" über die 22,8 km lange Nordschleife.
Diese Veranstaltung konnte mittels der anströmenden Zuschauermassen auch die letzten Zweifler in der Region von dem bevorstehenden Aufschwung überzeugen. Viele fanden Arbeit als Kontrolleur, Kassierer, Programmverkäufer etc., erlebten den Ansturm auf ihre Geschäfte oder investierten in Übernachtungsmöglichkeiten für die Zuschauer.

In den folgenden Jahren zogen motorsportliche Veranstaltungen Hunderttausende in die Eifel.

Großes Interesse galt stets auch der Möglichkeit, den Nürburgring im Rahmen des Touristenverkehrs mit dem eigenen Fahrzeug zu befahren. Waren es von Juni bis Oktober 1927 noch 4493 Autos und 741 Motorräder, (37) was angesichts des damaligen Motorisierungsgrades beachtlich war, so sind es heute etwa 200.000 Fahrzeuge im Jahr.

Bedingt durch die Weltwirtschaftskrise gab es 1930 keinen Großen Preis von Deutschland für Sportwagen. Der Große Preis für Motorräder fand jedoch statt. Trotz anfänglich großer Skepsis richtete der AvD den Großen Preis von Deutschland 1934 aus und wurde mit 110.000 Zuschauern belohnt.
Um die Zuschauer besser zu schützen, wurden bereits 1932 die sogenannten „Nürburgring-Zäune" errichtet. Geländeabschnitte unterhalb des Streckenniveaus wurden gesperrt.

Mit der Zeit des Nationalsozialismus vollzog sich ab 1933 ein Wandel des deutschen Motorsports zu einem deutschen „Kraftfahrsport" mit politischer Bedeutung. Durch Spitzenleistungen deutscher Fahrer und ihrer Fahrzeuge aus heimischer Industrie sollte Weltgeltung erlangt werden.

1934 erhielten verschiedene Kurven eine Überhöhung. In der Nordkehre wurde 1935 der sogenannte „Mercedes-Hügel" abgetragen, weil er die Sicht der Zuschauer behinderte. Das Erdreich wurde in der Südkehre zur Verbesserung der Zuschauerplätze angeschüttet.
1936 wurde die Schräge im Kurveninnenrand des Karussells gebaut. 1938 dann wurde die Strecke im Start- und Zielbereich verbreitert. Zwischen Hauptkasse und Terassenplatz (Gegengerade) wurde ein Zuschauertunnel und in der Südkehre ein Verbindungsweg gebaut. Dies ermöglichte die getrennte Benutzung von Nord- und Südschleife.

Mit Ausbruch des zweiten Weltkrieges gab es am Nürburgring keine Rennveranstaltungen mehr, und auch die Testfahrten der Industrie wurden eingestellt.
Während des Krieges verwahrloste und überwucherte der Nürburgring und hatte unter den Panzern alliierter Truppen stark gelitten. Diese benutzten ihn zeitweise als Aufmarschstraße in umgekehrter Fahrtrichtung von Müllenbach bis Pflanzgarten. Erst 1947 bekam die Strecke einen neuen Belag und einige Kurven wurden überhöht. Zum 17.8.1947, dem 20. Jahrestag seines Bestehens, fand auf der Südschleife das erste Rennen nach dem Krieg statt. Erst nach und nach zogen die motorsportlichen Aktivitäten am Nürburgring wieder mit der Begeisterung der Bevölkerung gleich.

1953 fand das erste 1000 - km-Rennen mit allerdings nur mäßigem Publikumsinteresse statt. Diese Langstreckenrennen sollten sich jedoch in Zukunft und bis heute großer Beliebtheit beim Publikum erfreuen.

Im Herbst 1954 ließ die Nürburgring GmbH die Gegengerade bei Start und Ziel von 8 auf 12 m verbreitern, baute eine Reihe von Kurven aus und ließ einen Teerteppich von 50.000 qm legen, um die Fahrbahn griffiger und sicherer zu machen. (38)

Durch die Katastrophe beim 24-Stunden-Rennen von Le Mans 1955, bei der etliche Zuschauer getötet wurden, ergaben sich nachfolgend einige Konsequenzen für den Sicherheitsstandard von Rennstrecken.

Die Nürburgring GmbH hatte von sich aus Jahr für Jahr schon Verbesserungen zur Streckensicherung vorgenommen und intensivierte nun ihren Einsatz, um die Forderungen des Bundesverkehrsministeriums zu erfüllen. In diesem Zusammenhang muß jedoch erwähnt werden, daß bei allen Rennveranstaltungen vom Bestehen des Nürburgrings bis zum Jahr 1955 nur ein einziger Zuschauer - und das aus eigenem Verschulden - ums Leben gekommen war. Um auch die Sicherheit der Fahrer weiter zu erhöhen, wurden 1956 einige Umbauten vorgenommen. So wurde zum Beispiel eine kleine Bodenwelle am Schwedenkreuz abgetragen und die Arembergkurve etwas überhöht. (39) Auch der Schwalbenschwanz wurde verändert und erneut 1958 zusammen mit Wippermann.

Bereits hier kam die später noch kontroverser geführte und letztlich für das Schicksal des Nürburgrings entscheidende Diskussion über die Sicherheit „entschärfter" Rennstrecken auf, denn nicht alle Fahrer waren mit den 1956 vorgenommenen Veränderungen zufrieden.
Entschärfungen am Streckenverlauf eines Rennkurses führten und führen in den meisten Fällen lediglich dazu, daß die Grenze des Machbaren ein Stück verschoben wird, die zunächst gewonnene Sicherheit unmittelbar in schnelleres Fahren umgesetzt und somit wieder verbraucht wird.
1963 wurde das Karussell ausgebaut, um mehr Sicherheit durch ein erweitertes Blickfeld zu erhalten. Auch die Bergwerkskurve wurde verändert.

Im Mai 1967 wurde die neue Kurve „Hohenrain" gebaut. Sie war durch die zu schnelle Zieleinfahrt notwendig geworden. Der Bau dieser Bremskurve verlängerte die Nordschleife um 25 m auf 22,835 km. (40)

1970 wurde der Große Preis von Deutschland nach Hockenheim verlegt, da die von der Grand Prix Drivers Association (GPDA) kurzfristig geforderten Änderungen an der Strecke nicht erfüllt werden konnten.

Es ging um tiefgreifende Änderungswünsche: Vereinheitlichung der Streckenoberfläche, Zusammenziehen von Kurven, Entfernung „blinder" Kurvenscheitel, Ausbügeln von Sprunghügeln und falschen Kurvenneigungen. Gerade diese Schwierigkeiten hatten frühere Fahrergenerationen als Herausforderung empfunden. (41)

Hier offenbarte sich die Kluft zwischen dem anspruchsvollen und materialmordenden Nürburgring auf der einen und den immer schnelleren und leichteren Rennwagen auf der anderen Seite. Während die Beanspruchung auf dem Ring Verstärkungen am Fahrwerk erforderten, kam man auf den meisten anderen Rennstrecken mit dem praktizierten Leichtbau zurecht. Der Nürburgring wurde somit unbequem, und alle Bestrebungen zu seiner Entschärfung bedeuteten in der Konsequenz, daß Fahrzeuge nicht für Strecken, sondern Strecken für Fahrzeuge gebaut werden sollten.

Abb. 156:
Brünnchen 1963

Im Februar 1971 begann schließlich mit einem Kostenaufwand von insgesamt 6,585 Millionen DM die Umgestaltung der Nordschleife. Ihre Streckenführung mit den jetzt nur noch 40 Rechts- und 33 Linkskurven blieb jedoch grundsätzlich erhalten.
Es wurden alle Gräben neben der Strecke kanalisiert, um dem Aquaplaning entgegenzuwirken, und die Randstreifen rechts und links der Trasse verbreitert.
Weitere bauliche Maßnahmen erfolgten für die Sicherheit und bessere Sicht der Zuschauer. Die bekannten Sprunghügel im Kesselchen, im Brünnchen und am Schwalbenschwanz wurden entfernt und die Kurveninnenränder mit neuentwickelten Flachbordsteinen (Abweiser od. Curbs) eingefaßt. (42)

Die Nordschleife erfuhr somit 1971 ihre umfassendste Veränderung. Besonders sinnvoll war sicherlich die Verbreiterung der Randstreifen. Doch indem die alten Sprunghügel entfernt wurden, tauchten durch die nun höheren Geschwindigkeiten neue auf.

Immerhin gab es 1971 wieder den Großen Preis von Deutschland am Nürburgring.
1973 wurde der Streckenabschnitt Döttinger Höhe verbreitert.

Nachdem es auch nach dem großen Umbau von 1971 immer wieder Unmutsäußerungen der Formel - 1-Fahrer gab, wurde stetig weitergearbeitet und investiert. Sicherheitsbereiche wurden neu angelegt oder erweitert, Leitplanken und Fangzäune neuen Erkenntnissen angeglichen. Dennoch gab es nun keine Ruhe mehr. (43)

Das endgültige Aus kündigte sich 1976 durch den schweren Unfall von Niki Lauda in der Linkskurve vor Bergwerk an. Dieser allgemein bekannte Unfall war insofern entscheidend, als der Grand-Prix-Zirkus fortan dem Nürburgring fernblieb.

Der Nürburgring war also nicht mehr sicher genug. Doch wie sah es und sieht es noch heute auf einigen anderen Rennstrecken aus? Hierzu Dankwart Grube: „Wenn der sportliche Ring an der Nürburg unsicher war - wie sicher ist der von Beton gesäumte Kurs in Detroit? Wie breit die Auslaufzone im Herz der City von Monte Carlo? Wie gesichert der Tunnel, durch den im Lande des Fürsten gerannt wird? Ist der Hafen von Monaco, an dem entlang der Kurs führt, als Sturzzone akzeptiert?" (44)

Gab es möglicherweise andere Gründe, die den alten Nürburgring ins motorsportliche Abseits stellten? Dankwart Grube vertritt seine Meinung sehr deutlich: „Der alte Nürburgring war

Abb. 157: Umbau 1971
vor dem Adenauer Forst

Abb. 158: Umbau 1971
im Brünnchen

Abb. 159: Umbau 1971
am Karussell

nicht 'unsicher', er war den Fahrern nur zu schwer. Sie haben die Nordschleife, sie haben den eigentlichen Nürburgring, der Fahrer zu Meistern machen, aber eben auch selbsternannte Meister decouvrieren konnte, per Flucht verlassen. Der Ring hat sie besiegt. Das mühevolle Studium der 20,832-Kilometer-Strecke, auf der in jeder Kehre im Zentimeterdetail der Teufel hockte, das sorgfältige Heranfahren an die optimale Geschwindigkeit auf jeder Passage der Piste, die keinen Irrtum vergab, die jähen Gefälle und Steigungen, an denen sich schon der Amateur in seinem Porsche oder Alfa die Handgelenke wund schaltete, wenn er zum privaten Wochenendspaß den Ring befuhr, die Strapaze, die der Ring jedem verhieß, der es für ein paar Runden mit ihm aufnahm - das alles war nichts für die smarten Herren von der Formel 1 der kurzen 'Motodrome'. Früher, als der Formel-1-Sport noch einer für Gentlemen war, kämpften sie 500 Kilometer und bis zu vier Stunden lang gegen den Ring, nun waren den jungen Herren selbst die 300 Kilometer und anderthalb Stunden Nürburgring zuviel. Sie kniffen." (45)

Dieses Zitat von Dankwart Grube trifft hart und ist sicher zu pauschal. Es waren nicht alle Fahrer gegen den Nürburgring und einige auch aus anderen Gründen (z.B. wegen der langen Wege der Ambulanzen). Zudem hatten die Fahrer, die für den Boykott waren, mehr Einfluß. Rückblickend betrachtet, waren es auch nicht allein die Sicherheitsforderungen, die das Aus für die Nordschleife bewirkten.

Der Sport allgemein hat sich im Verlauf der Jahrzehnte gewandelt.
Auch nach dem zweiten Weltkrieg war Sport noch lange eine Beschäftigung nach Feierabend, ein kameradschaftliches Kräftemessen in dem Verständnis „Dabeisein ist alles". Sport sollte ein ritterlicher Wettkampf sein, bei dem der Beste gewinnen sollte, und man freute sich an der eigenen Leistung und an der des Gegners. Sport war eine faire Auseinandersetzung mit schwierigen Übungen, mit der Natur, dem Gegner, mit dem Sportgerät - oder mit der Rennstrecke. Diese Charakterisierungen galten nicht nur für den Breitensport, auch Berufssportler wurden daran gemessen.
Die großen Fahrer der dreißiger und fünfziger Jahre empfanden sich als Sportler in diesem Sinne und Beruf bedeutete für sie mehr eine Berufung als „job" und „business". Der Drang nach immer größeren Leistungen führte auch in anderen Sportarten zu einer immer stärkeren Spezialisierung und zu reinen Profi-Sportlern. Ein Amateur-Sportler im wörtlichen Sinn ist jemand, der seinen Sport nicht berufsmäßig, sondern aus Liebhaberei betreibt. Dieser Amateur wurde nun zum Dilettanten degradiert, und Profi-Sportler dominierten bald alle Sportarten. Diese konnten sehr viel Geld verdienen und ihre Leistungen wurden mit dem Ausbau von Kommunikations- und Medientechnik rasch in die Welt verbreitet. Mit dem Fernsehzeitalter wurden Sportveranstaltungen zum großen Geschäft mit Werbe- und Fernsehrechten, und mit dem Geschäft kamen die Sponsoren. Der Sport wandelte sich zum „big business", und während früher noch wohlhabende Amateure mit ihren Fahrzeugen zum Start rollen konnten, ist der Spitzensport heute unbezahlbaren Werkswagen und Werksmaschinen vorbehalten. Je mehr Rennen, desto mehr Start- und Preisgelder und desto mehr Reklame für die Sponsoren. So stieg die Zahl der Weltmeisterschaftsläufe an, der Terminkalender wurde immer dichter und umfangreichere Entwicklungsarbeiten ließen sich kaum noch in der Rennsaison durchführen. So wurde der Nürburgring, der sich so sehr von den anderen Rennstrecken unterschied, eher hinderlich und brachte nur Arbeit und Kosten für Abstimmung und für Fahrwerksverstärkungen, die anderenorts nicht erforderlich waren. Weiterhin war die alte Nordschleife nicht genügend werbe- und fernsehgerecht. Die Vermarktung des Grand-Prix-Geschehens, das mächtige Monopol der Formel 1 und letztlich der Boykott ihrer Fahrer - nur dies alles zusammen kann eine Erklärung für den Abschied von der Nordschleife sein. (46)

Wie auch immer - es wird sich nicht mehr genau feststellen lassen, und die vergangenen Zeiten kommen wahrscheinlich nicht zurück. Ganz sicher kommt die Formel 1 nicht mehr wieder. Diese hatte 1976 ihren letzten Lauf auf der Nordschleife.

In anderen Klassen wurde jedoch auch weiterhin auf der Nordschleife gefahren und besonders die Motorradfahrer hielten ihm vorerst noch die Treue. Doch auch die Weltmeisterschaftsläufe für Motorräder fanden 1980 zum letzten Mal auf der Nordschleife statt. Auch ohne die Formel 1 wurde auf der Nordschleife weiterhin großartiger Sport geboten. 1983 fand die letzte Weltmeisterschaft der Gruppe C-Wagen statt.
Hatte man vor Jahren noch prophezeit, die jeweils nächstkürzere Minuten-Grenze würde nie fallen, so erreichte nun Stefan Bellof im Training einen Rundendurchschnitt von über 200 km/h.
Das Ende für die Nordschleife zeichnete sich jedoch bereits ab.

Sollte der Nürburgring nicht untergehen, so mußte er durch einen kürzeren und moderneren Kurs ergänzt werden. Andernfalls drohte eine wirtschaftliche Katastrophe für die Region.

Schon am 30.11.1981 begannen die Bauarbeiten für den „neuen Nürburgring". Im Oktober 1982 begannen die Abbrucharbeiten im Start- und Zielbereich der Nordschleife, und kurz darauf wurden die Boxen sowie das Start- und Zielhaus abgerissen.
Die Arbeiten an der neuen Strecke liefen unterdessen mit Hochdruck. Die Daten des Grand-Prix-Kurses: 4,542 km Länge, Breite mind. 10 m, 14 Kurven (6 Links- und 8 Rechtskurven), Steigung max. 8,8 %, Gefälle 6,5 %.

So war es 1984 dann soweit: Am 12. Mai 1984 wurde der Grand-Prix-Kurs feierlich eröffnet. Der Nordschleife steht nun ein hochmoderner Kurs zur Seite, der mit seinen Sturzräumen, Rettungsstraßen und der Streckenüberwachungsanlage in Sachen Sicherheit zukunftsweisend ist.
Durch Umbauten an der Veedol-Schikane im Winter 1994/95 wuchs die Streckenlänge auf nun 4,556 km. Weiterhin wurden neue Kiesbetten angelegt und die Curbs abgeflacht.
Der Nürburgring ist also auch heute noch im Wandel. Beides gehört zusammen - die faszinierende und geschichtsträchtige Nordschleife und der hochmoderne Grand-Prix-Kurs. Auf der Nordschleife hört man heute die neuesten Pneus der Reifenfirmen gequält wimmern, und viele Fahrzeughersteller wissen, daß der beste Prüfstand und die beste Computer-Simulation nicht die Nordschleife ersetzen können. Abends und an den meisten Wochenenden steht die Strecke dann allen Fans zur Verfügung.
Auf dem GP-Kurs dagegen gastiert heute wieder die Formel 1.
Einige große Sportveranstaltungen haben sich bis heute auf der Nordschleife gehalten und besonders das 24-Stunden-Rennen zieht nach wie vor noch die Motorsportinteressierten in seinen Bann. Als eines der spektakulärsten Langstreckenrennen der Welt mit 180 Tourenwagen am Start führt es über die Nordschleife und den neuen Grand-Prix-Kurs. Somit kann der Reiz der alten Nordschleife mit der modernen Technik von Start- und Zielanlage und Boxenstraße des GP-Kurses verbunden werden.
Die alte Nordschleife, ein Monument des Motorsports, hat in ihrer bewegten Geschichte viel erlebt und ihre Faszination bis heute behalten. Ich glaube, solange es Autos und Motorräder gibt und Menschen mit Freude am Fahren, wird sich daran nichts ändern.
Das „Schlußwort" meines kleinen geschichtlichen Überblicks möchte ich nochmals Dankwart Grube geben: „Die sonderbare Harmonie der für die Hochleistung geschaffenen Rennstrecke

mit der Natur, die Straßenschwünge, die einladend und betörend sind wie feminine Rundungen, die Sinnlichkeit der Strecke - kann es sein, daß der alte Nürburgring zu schön für unsere Zeit war?" (47)

Abb. 160: Start und Ziel Grand-Prix-Kurs

Abb. 161: Wehrseifen 1956

Abb. 162: Wehrseifen 1992

Abb. 163: Schwalbenschwanz im Abendlicht

LITERATURVERZEICHNIS

Berger, John	*Eine andere Art zu sehen in: ZEIT-Magazin, 14/1992, S. 40-44*
Csikszentmihalyi, Mihaly	*Das Flow-Erlebnis Jenseits von Angst und Langeweile: im Tun aufgehen* *Ernst Klett Verlage GmbH & Co. KG, Stuttgart 1985*
Code, Keith	*Der richtige Dreh, A Twist of the Wrist, Michael Feyer Verlag, Köln 1984*
Code, Keith	*Der richtige Dreh II, A Twist of the Wrist II* *Michael Feyer, California Superbike Verlag, Köln 1993*
Prof. Dr. Eberspächer, Hans	*Kurven denken in: Zeitschrift PS, 2/1989, S. 46*
Prof. Dr. Eberspächer, Hans	*Mentale Trainingsformen in der Praxis, Ein Handbuch für Trainer und Sportler, sportinform Verlag GmbH Franz Wöllzenmüller, Oberhaching 1990*
Födisch, Jörg-Thomas	*Nürburgring, Die Chronik der legendären Rennstrecke* *Verlagsunion Erich Pabel - Arthur Moewig KG, Rastatt 1991*
Grube, Dankwart	*Das Ende der schönen Qual in: Zeitschrift SPORTS, 1/1987, S. 174-178*
Hornung, Thora	*Die Nürburgring-Story, 60 Jahre Rennsport-Faszination, Motorbuch Verlag Stuttgart, Stuttgart 1987*
Landkreis Adenau (Hrsg.)	*Der Nürburgring, Illustrierte Monatsschrift für Motor-Sport auf der Deutschen Gebirgs-, Renn- und Prüfungsstraße im Kreise Adenau, Rhld., Adenau, Juni 1927, Nummer 7, 2. Jahrgang*
Loehr, James E., Dr.	*Persönliche Bestform durch Mentaltraining für Sport, Beruf und Ausbildung, BLV Verlagsgesellschaft mbH, München 1991*
Scheuer, Luki	*Nürburgring, Tradition und Fortschritt, Herausgeber: Nürburgring GmbH, Rhenania-Fachverlag GmbH, Koblenz 1984*
Spiegel, Bernt, Prof.	*Was bringt das Training auf der Rennstrecke für den Alltag?* *in: Zeitschrift Motorrad, Heft 16/1988, S. 113*
Spiegel, Bernt, Prof.	*Blick voraus oder: Die Sache mit dem Bierdeckel, Auszug aus dem Buch: Die obere Hälfte des Motorrades in: Fahrerlehrgang.* *Und immer schön locker bleiben, Broschüre des Motorrad Magazins MO*

Bildquellennachweis:
Titelfoto: U. Thomson, 001: Zeichnung: Deutscher Verkehrssicherheitsrat, 002 bis 151, Fotos und Zeichnungen: U. Thomson, 152: Grafik: U. Thomson, Quelle: Top. Karten 5607 SO, 5607, NO, 5608 NW, Landesvermessungsamt Rheinland-Pfalz, 153/154, Repro: H. Esch, 155, Repro: F. Röder, 156, bis 159, Foto: H. Esch
160, Foto: Nürburgring GmbH, 161, Foto: H. Esch, 162/163, Foto: U. Thomson

Mein Dank gilt allen, die mich bei der Arbeit an diesem Buch unterstützt haben:

Helmut Dähne
Deutscher Verkehrssicherheitsrat
Rita Frings
Johann Genn
Armin Hahne
Heel-Verlag
Peter Löhr
Michael Martini
Nürburgring GmbH
Nicole Rittgerodt
Fritz Röder
Rolf Rosenkranz
Eckhard Schimpf
Johann Schüssler
Wolfgang Stern
Wolfgang Teppert
Angelika Thomson
Christoph Thomson
Julian Thomson
Hajo Ullrich
Dietrich Ungerer
Martin Wimmer
Jörn Wronn

Ulrich Thomson

1 vergl. CODE, 1984, S. XIII
2 CODE, 1984, S. 12,13
3 LOEHR, 1991, S. 72
4 LOEHR, 1991, S. 110
5 vergl. LOEHR, 1991, S. 112
6 vergl. LOEHR, 1991, S. 81-83
7 vergl. EBERSPÄCHER, 1990, S. 43
8 vergl. Csikszentmihalyi, 1985, S. 58-59
9 vergl. Csikszentmihalyi, 1985, S. 9
10 Csikszentmihalyi, 1985, S. 116, 117
11 vergl. Csikszentmihalyi, 1985, S. 61
12 vergl. Csikszentmihalyi, 1985, S. 62
13 Csikszentmihalyi, 1985, S. 76
14 Csikszentmihalyi, 1985, S. 70
15 CODE, 1984, S. 30
16 vergl. SPIEGEL in: MOTORRAD 16/1988, S. 113
17 BERGER in: ZEIT-Magazin 14/1992, S. 42
18 vergl. SPIEGEL in: MO-Broschüre „Fahrerlehrgang"
19 vergl. SPIEGEL in: MO-Broschüre „Fahrerlehrgang"
20 vergl. CODE, 1993, S. 109 ff
21 vergl. EBERSPÄCHER in PS 2/1989, S.46
22 FÖDISCH, 1991, S. 47
23 vergl. FÖDISCH, 1991, S. 47
24 FÖDISCH, 1991, S.47
25 FÖDISCH, 1991, S. 47
26 vergl. Zeitschrift „Der Nürburgring", Nr. 7/1927, S. 14
27 vergl. FÖDISCH, 1991, S. 47
28 FÖDISCH, 1991, S. 47
29 vergl. FÖDISCH, 1991, S. 47
30 vergl. FÖDISCH, 1991, S. 5
31 vergl. FÖDISCH, 1991. S. 6
32 vergl. HORNUNG, 1987, S. 30-31
33 vergl. SCHEUER, 1984, S. 20
34 vergl. FÖDISCH, 1991, S. 8
35 vergl. FÖDISCH, 1991, S. 9
36 vergl. FÖDISCH, 1991, S. 8
37 vergl. SCHEUER, 1984, S. 32
38 vergl. HORNUNG, 1987, S. 110
39 vergl. HORNUNG, 1987, S. 115
40 vergl. FÖDISCH, 1991, S. 48
41 vergl. HORNUNG, 1987, S. 194
42 vergl. Nürburgring GmbH zitiert in: HORNUNG, 1987, S. 194-195
43 vergl. SCHEUER, 1984, S. 128-129
44 GRUBE in: SPORTS, 1/1987, S. 178
45 GRUBE in: SPORTS, 1/1987, S. 178
46 vergl. HORNUNG, 1987, S. 222-233
47 GRUBE in: SPORTS, 1/1987, S. 178

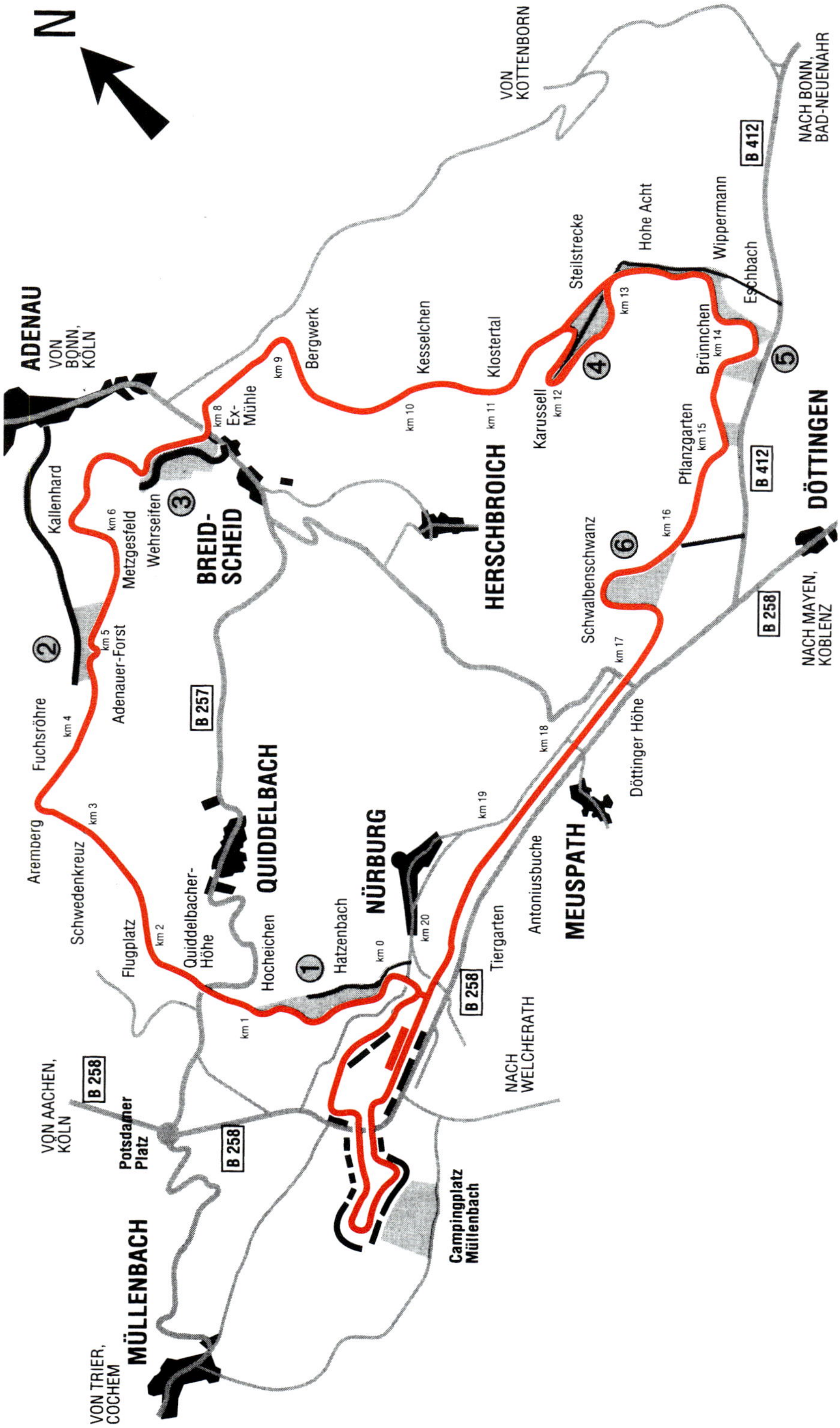
N
VON KOTTENBORN
NACH BONN, BAD-NEUENAHR
B 412
ADENAU
VON BONN, KÖLN
Kallenhard
km 6
Metzgesfeld
Wehrseifen
3
BREID-SCHEID
km 8
Ex-Mühle
km 9
Bergwerk
Kesselchen
km 10
Klostertal
km 11
HERSCHBROICH
Karussell
km 12
4
Steilstrecke
km 13
Hohe Acht
Wippermann
Eschbach
Brünnchen
km 14
5
DÖTTINGEN
Pflanzgarten
km 15
B 412
km 16
6
Schwalbenschwanz
B 258
NACH MAYEN, KOBLENZ
km 17
Döttinger Höhe
km 18
MEUSPATH
Antoniusbuche
km 19
Tiergarten
B 258
NACH WELCHERATH
NÜRBURG
km 20
km 0
Hatzenbach
1
Hocheichen
Quiddelbacher-Höhe
QUIDDELBACH
B 257
km 1
Flugplatz
km 2
Schwedenkreuz
Aremberg
km 3
Fuchsröhre
km 4
Adenauer-Forst
km 5
2
VON AACHEN, KÖLN
B 258
Potsdamer Platz
B 258
MÜLLENBACH
VON TRIER, COCHEM
Campingplatz Müllenbach

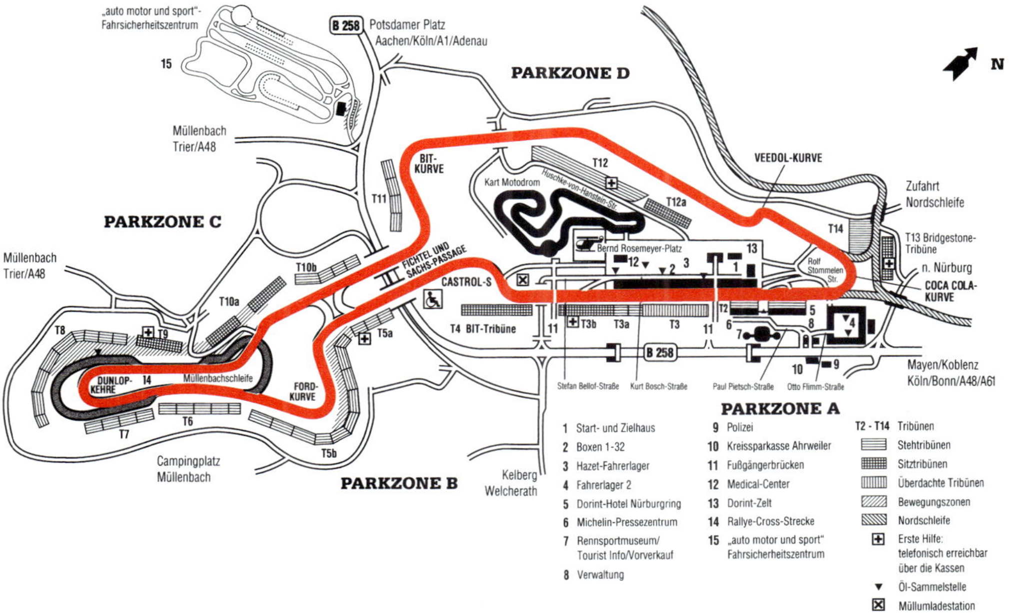
„auto motor und sport"-
Fahrsicherheitszentrum
15
B 258 Potsdamer Platz
Aachen/Köln/A1/Adenau
PARKZONE D
N
Müllenbach
Trier/A48
BIT-
KURVE
T12
Kart Motodrom
Huschke-von-Hanstein-Str.
T12a
VEEDOL-KURVE
Zufahrt
Nordschleife
T11
PARKZONE C
T14
T13 Bridgestone-
Tribüne
Bernd Rosemeyer-Platz
13
12
2
3
1
Rolf
Stommelen
Str.
n. Nürburg
COCA COLA-
KURVE
Müllenbach
Trier/A48
T10b
FICHTEL UND
SACHS-PASSAGE
CASTROL-S
T10a
T2
5
T8
T9
T5a
T4 BIT-Tribüne
11
T3b
T3a
T3
11
6
7
8
4
DUNLOP-
KEHRE
14
Müllenbachschleife
FORD-
KURVE
B 258
10
9
Mayen/Koblenz
Köln/Bonn/A48/A61
T6
T7
Stefan Bellof-Straße
Kurt Bosch-Straße
Paul Pietsch-Straße
Otto Flimm-Straße
PARKZONE A
T5b
Campingplatz
Müllenbach
PARKZONE B
Kelberg
Welcherath
1 Start- und Zielhaus
2 Boxen 1-32
3 Hazet-Fahrerlager
4 Fahrerlager 2
5 Dorint-Hotel Nürburgring
6 Michelin-Pressezentrum
7 Rennsportmuseum/
Tourist Info/Vorverkauf
8 Verwaltung
9 Polizei
10 Kreissparkasse Ahrweiler
11 Fußgängerbrücken
12 Medical-Center
13 Dorint-Zelt
14 Rallye-Cross-Strecke
15 „auto motor und sport"
Fahrsicherheitszentrum
T2 - T14 Tribünen
Stehtribünen
Sitztribünen
Überdachte Tribünen
Bewegungszonen
Nordschleife
Erste Hilfe:
telefonisch erreichbar
über die Kassen
Öl-Sammelstelle
Müllumladestation